Michael Konrad

Saach blooß 2

Noch mehr Geheimnisse des Pfälzischen

Gesamtleitung: Markus Knecht, Knecht Verlag Landau
Druck und Bindung: Westermann Druck Zwickau GmbH

Hinweise und Vorschläge zu unserer Serie „Saach blooß“ können Sie senden
per E-Mail an redeswz@rheinpfalz.de und per Fax an 0621/5902-313.

Printed in Germany
ISBN-10: 3-937752-03-X
ISBN-13: 978-3-937752-03-7

Michael Konrad

Saach blooß 2

Noch mehr Geheimnisse des Pfälzischen

von RHEINPFALZ-Lesern enträtselt
Karikaturen von Uwe Herrmann

Inhaltsverzeichnis

**Gewidmet allen Mitmacherinnen und Mitmachern,
den Pfälzern und allen, die es noch werden wollen.**

Vorwort

Liebe Leserinnen und Leser dieses Buches,

Buch-Macher sind immer Optimisten. Würden sie nicht an den Erfolg ihrer Werke glauben, gäbe es viele Bücher gar nicht. Die hoch gesteckten Erwartungen im RHEINPFALZ-Verlag aber wurden noch übertroffen: Der erste Band von Michael Konrads „Saach blooß. Geheimnisse des Pfälzischen" ist ein pfalzweiter Verkaufsschlager und geht ein Jahr nach seinem Erscheinen in die 3. Auflage. Das zeigt: Die Pfalz spricht pfälzisch, und die Pfälzer lesen gerne Pfälzisch. Ungebrochen sind Spaß und Phantasie der RHEINPFALZ-Leser, die Geheimnisse des Pfälzischen zu enträtseln. Die im März 2002 in der RHEINPFALZ gestartete Serie „Saach blooß", in der Michael Konrad und die Leserinnen und Leser Sprüche, Redensarten und Wörter unter die Lupe nehmen, ist mittlerweile in über 100 Folgen erschienen und die Diskussionen darüber sind lebendig wie am ersten Tag.

Wegen des großen Erfolges des ersten Bandes und der Lust, weiter über unsere Mundart zu disputieren, legen wir Band 2 unseres Lesebuches und Nachschlagewerkes des Pfälzischen vor. Darin sind 48 Folgen der Serie aus den Jahren 2005 bis Mitte 2007 enthalten, überarbeitet und ergänzt für die Buchausgabe. Das bewährte Konzept ist unverändert. Uwe Herrmann hat wieder die Karikaturen beigesteuert. Das Stichwortverzeichnis mit rund 450 Einträgen umfasst jetzt alle Wörter und Redensarten aus beiden Bänden.

Die Pfälzer lieben ihre Mundart. Wir vom RHEINPFALZ-Verlag sind ein wenig stolz darauf, mit „Saach blooß" zum Erhalt und zur Pflege unserer Heimatsprache beizutragen. Wir danken Michael Konrad, Uwe Herrmann und Markus Knecht für ihre Arbeit an diesem Werk und wünschen Ihnen, liebe Leserinnen und Leser, gute Unterhaltung und viel Spaß mit „Saach blooß 2 – Noch mehr Geheimnisse des Pfälzischen".

Michael Garthe, Chefredakteur DIE RHEINPFALZ

Die hohe Kunst der Hinterlist

Wenn Pfälzerinnen mit unsauberen Mitteln zum Ziel kommen

Wenn Shakespeare Pfälzer gewesen wäre, hätte Hamlet wohl kaum zu sagen gewagt: „Schwachheit, dein Name ist Weib.“ Auf der Spur der pfälzischen „alten Schinoos“ nämlich haben die „Saachblooß“-Leser ein völlig anderes Frauenbild zutage befördert.

„Hinnerlischtig, net hinne wie vorne, versucht annere erin se lee (hereinzulegen)“, schreibt Leo Dörr aus Schweisweiler über die „Schinoos“. „Durchtrieben“ sei so eine Frau, sagt Anneliese Bellmann aus Limburgerhof, „eigenwillig, querköpfig“, meint Helmut Wingerter aus Neustadt. „Ein bösartiges, lästiges Weibsstück“ erkennt Walter Gauweiler aus Neustadt, Gerhard Rihlmann aus Kaiserslautern sieht „eine ganz verdorbene Person“ und Heinz Wolfert aus Beindersheim „eine Frau, die ihre Vorteilsnahme nicht aus den Augen verliert“. Ruth Kliefoth aus Kaiserslautern hat gar ausdrücklich einen Geschlechter-Unterschied herausgearbeitet: „Er is en netter Kerl, awer sie is e Chinoos.“ „Saach blooß“ fragt sich: Was hat die „Schinoos“ verbrochen, dass sie so schlechte Image-Werte hat?

Die Antwort ist einfach: Sie war alles andere als schwach und hat ihren Willen gegen andere durchgesetzt. Und zwar mit so viel Geschick, dass ihr dafür sogar Respekt zuteil werden kann (nicht muss). „Das Wort hat keinen negativen Beiklang, es ist durchaus sympathisch gemeint“, schreibt Joachim Lehmler aus Ludwigshafen, oft schwinge „eine gewisse humorige Hochachtung“ mit, meint O.H. Fries aus Berlin, der „Saach blooß“ regelmäßig per „Schnibbeldienst“ von seinem Vetter aus der Pfalz zugeschickt bekommt. Beide stehen mit ihrer Einschätzung nicht allein: „Wann ich als klänes Mädel bei mei’m Großvadder gebitt und gebettelt häb, er soll mir doch e Gschicht odder e Märche

„Bischt du e Schinoos!“

verzehle, un ich nit locker gelosst häb, ihn zu drängle, dann hott er immer liewevoll g'saacht: Du gäbscht mer heit widder kä Ruh, du klänes Schinoos!“, erinnert sich Hiltrud Kuhn aus Laumersheim. Auch Ruth Weyland aus Kallstadt wurde von ihrer Großmutter als „altes Schinoos“ bezeichnet, „wenn ich diplomatisch zum Ziel kommen wollte“, wie sie diplomatisch formuliert; ähnlich erging es Herta Barchet aus Fußgönheim, die anschließend sogar „liebgedrückt“ wurde. „Eine Fast-Liebeserklärung“ sieht denn auch Inge Schornick aus Ludwigshafen in dem Spruch – womit wieder einmal bewiesen wäre, wie sehr im Pfälzischen der Ton(fall) die Musik macht. Und wie daneben man mit der chauvinistischen These vom schwachen Geschlecht liegen kann.

Apropos Ton. Fast die Sprache verschlagen hat es „Saach blooß“, als die Leser den sprachlichen Ursprung des oder der „Schinoos“ aufdeckten. Zunächst einmal ist das Wort nicht deshalb vom Geschlecht her sächlich, weil speziell Westpfälzer ihre Frauen gerne mal als „es Hilde“ (Name variiert gelegentlich) bezeichnen, sondern weil sich „Schinoos“ zusammensetzt aus „schinden“ und „Aas“. Darauf weisen unter anderem Joachim Lehmler, Sigrid Döhler aus Breitenstein, Gerhard Rihlmann, Rudolf Walther aus Großkarlbach, Ruth Strauch aus Zweibrücken, O. H. Fries und Horst W. Müller aus Birkenheide hin. Als „Schinder“ wurden einst die Abdecker bezeichnet, deren Beruf es war, die Haut von Tierkadavern abzuziehen. Und die Abfälle ihrer Arbeit waren das „Schind-Aas“, das auf dem Schind-Acker vergraben oder verbrannt wurde. Wie die recht menschenfreundlichen Pfälzer im Lauf der Jahrhunderte so unverfroren werden konnten, daraus ein bisweilen sogar liebevoll gemeintes Spottwort für Frauen zu machen? Es wird (hoffentlich) ein Geheimnis bleiben. „Saach blooß“ jedenfalls hat sich vorsorglich schon mal einen Termin beim tiefenpsychologischen Notdienst besorgt.

Nachtrag: Der Notdienst konnte nicht helfen, aber „Saach blooß“ geht's trotzdem schon wieder besser. Denn wir stehen unter strenger Beobachtung. Nicht vom Militärischen Abschirmdienst oder gar der Chefredaktion, sondern von den Leserinnen und Lesern. „Heit muss ich mich mol melde, weil ich's ganz schofel find, dass des Wort Schinoos sich vun so eme wieschte Wort (nämlich: Schind-Aas – also die Überreste von gehäuteten Tieren) ableide soll“, schrieb Anita Bork aus Edenkoben, als sie die „Saach blooß“-Folge zum Thema Schinoos“ gelesen hatte. Wenn ihre Großmutter sie als Kind so bezeichnet habe, habe sie stets „ganz lieb gelacht“. Wie auch Christa Landmesser aus Neustadt vermutet Anita Bork daher, „Schinoos“ könne sich vom französischen „Chinoiseries“ ableiten, das für chinesische Kunstgegenstände, aber auch für Spitzfindigkeiten und Wortklaubereien stehe. Ob's so ist? Wir wollen es mal hoffen.

Folge 55, erschienen am 26.11. 2004

„Schofel“

Pfälzisch mit Macken

Wie kommt der Hecht in die Suppe?
– Fast vergessene jiddische Ursprünge

Ganz schön schofel: Nicht überall, wo Pfälzisch draufsteht, ist auch Pfälzisch drin. Oder, anders ausgedrückt: Nicht alles, was sich pfälzisch anhört, ist auch tatsächlich ein Dialektwort. Nehmen wir das Wörtchen „schofel“: „Den Ausdruck gibt es in ganz Süddeutschland“, schreibt Günter Wenk aus Pleisweiler, und Hubert Vollmer aus Ludwigshafen ist überzeugt: „Meines Erachtens ist dies ein Wort des allgemeinen Sprachgebrauchs und nicht für die Pfalz oder die Pfälzer typisch.“ Ein leiser Vorwurf klingt an: Warum wird das Wort „schofel“ in einer Serie über die pfälzische Sprache behandelt? Die Antwort ist ganz einfach: Es wird von vielen für ein Pfälzer Dialektwort gehalten. Und das ist doch Grund genug, der Sache mal auf den Grund zu gehen.

Dabei besteht kein Zweifel: „Schofel“ ist hebräisch-jiddischen Ursprungs, wie Dieter Rumpf, Pfarrer im Ruhestand aus Kaiserslautern, erklärt, der auf einer Postkarte seinen Hinweis mit der hebräischen Schreibweise untermauert. Zu den Lesern, die das auch schon wussten, zählen Christiane Cataldi aus Neustadt, Peter Körner aus Bad Bergzabern, Eugen Rapp aus Winnweiler, Rainer Thielen aus Rehborn, Inge Schornick aus Ludwigshafen, Klaus Juner aus Herschberg und Anneliese Heigl.

Mit „en schofler Hund/Kerl“ und „der hot sich ganz schofel benumm“ liefert Roland Wagner Anwendungsbeispiele aus Pirmasens. Außerdem merkt er an, das Wort werde häufig in Verbindung mit Geldangelegenheiten verwendet. Wenn zum Beispiel ein Chef dem Mitarbeiter nach 25 Dienstjahren einen Blumenstrauß überreicht, dann sei das „schofel“, meint Günter Wenk. Oder wenn eine(r) am Trinkgeld spart, sagt Christa Land-

messer. „Niederträchtig, schäbig, erbärmlich" lauteten weitere Übersetzungen, außerdem wären da noch – eingeschickt von „de Karin und de Elke vun de Haßlocher Sparkass": „gemein, schlecht, hinterlistig, heimtückisch, kurz: hinnerfotzig". Es kann einem allerdings auch „schofel" gehen, wenn man zu wenig gegessen (so Rainer Thielen) oder zu tief ins Glas geschaut hat (so Kurt Scherff aus Obrigheim-Müh heim).

„Leider geraten die vielen früher gebräuchlichen Ausdrücke jüdischer Herkunft völlig in Vergessenheit", schreibt Hugo Grub aus Ulmet. Ein Satz, der wohl nicht ganz richtig ist: „So en Schmus!", „Redd endlich Tacheles", „Bischt du meschugge?", „Mach kän Zoff/Zores!", „Du hoscht doch en Macke!" – Viele jiddische Wörter sind ins Alltagspfälzisch und in andere Dialekte sowie die Hochsprache eingeflossen, wofür auch zahlreiche Zuschriften in drei Jahren an „Saach blooß" ein Beleg sind. Vergessen sind nicht die Wörter, sondern die Ursprünge. Sprachbewusstsein als Spiegel der Geschichte.

Das wohl verblüffendste Beispiel lautet im Übrigen: „Es zieht wie Hechtsupp. Es wird häufig verwendet, wenn jemand einen unangenehmen Windhauch spürt. Der Spruch hat aber nicht im Geringsten etwas mit dem Süßwasserraubfisch oder einer warmen Brühe zu tun, wie „Saach blooß“ recherchiert hat: Es setzt sich vielmehr aus den beiden jiddischen Wörtern „hech“ und „soppa“ zusammen, die „wie ein Sturm“ bedeuten.

Folge 56, erschienen am 7.1. 2005

Die Gegenkultur der Naschkatzen

Warum in der Pfalz nicht alles gegessen wird, was auf den Tisch kommt

Ausnahmen bestätigen auch in der Pfalz die Regel. Zwar würde kaum jemand dem durchschnittlichen Pfälzer mangelnde Toleranz vorwerfen. Jedoch: Beim Essen hört der Spaß auf. „Gesse werd, was uff de Disch kummt!“, heißt es da barsch, wohl in (guter) alter Tradition und in Erinnerung „an die schlechte Zeit“, als es nicht genug zu essen gab (siehe auch Folge 79). Mit der höchst gegenwärtigen Folge, dass sich eine regelrechte Gegenkultur entwickelt hat: die der „Schnä(ä)ger“.

Sie: „Kumm, ess des bissel noch!“ Er: „Des schmeckt mer nit.“ Sie: „Mensch, bischt du awwer schnägisch!“ Die Szene aus dem Eheleben schildert Edda Schelling aus Limburgerhof. „Schnäg net so om Esse rum“ – diesen Satz bekommen laut Ottilie Rieder aus Deidesheim Kinder zu hören, die lustlos im Essen stochern. Und Herta Barchet aus Fußgönheim ist nach eigenem Bekenntnis bis heute selbst „Schnägerin“, nachdem schon ihre Mutter fast an ihr verzweifelt ist.

„Ein Schnäger (oder eine Schnägerin) pickt sich bei allem nur das für ihn Angenehme heraus“, schreiben „die Karin un die Elke vun de Haßlocher Sparkass“ und zeigen damit auf, dass sich die Bedeutung des Worts über das rein ernährungstechnische hinaus entwickelt hat. Walter Kreutzenberger aus Landau, Klaus Hollinger aus Spirkelbach und Rosemarie Mathes aus Germersheim nennen als prominentes Beispiel: „Die kriegt nie en Mann, sie is so schnäägisch.“

Warum „Schnäger“ Gemüse oder Salat links liegen lassen, kann Klaus Juner aus Herschberg mit zwei hochdeutsch/pfälzischen Reimzeilen beantworten, die auch eine zweite Bedeutung des Worts offenbaren: „Der schnägich Schnäger Schnä-

„Die isch schnägi(s)ch!"

ges schnägt – die Naschkatz Lust nach Süßem hegt." Soll heißen: Wer hat schon Lust auf Gesundes, wenn im „Schnäk-Schrank", der zum Beispiel bei den Eltern von Stefan Eck aus Maximiliansau im Wohnzimmer stand, Süßigkeiten, Gutsel(e), oder Schokolade warten. „Mer schenken dem Opa e paar Taafle Schoklad zu seum Geburtstag un e Fläschje Kerschelikör; der schnägt so gern", schreibt wie zum Beweis Ottilie Rieder. Dass dabei auch der Likör zum „Schnäkes" wird, beweist, wie geschickt Pfälzer im Alltag das Konzept der Verniedlichung verwenden.

„Bring Schnäkes mit!", sagt Heinz Wolfert aus Beindersheim zu seiner Frau, wenn sie einkaufen geht und Süßes mitbringen soll. „Saach blooß" würde zwar nicht so weit gehen wie Rudi Wilhelm aus Bad Dürkheim, der „Schnäkes" von leckeren „Schnäkenudle" ableitet, doch es liegt nahe: Der Ursprung geht auf ein süßes Geheimnis zurück.

Joachim Lehmler aus Oggersheim hält es für unwahrscheinlich, dass die Entstehung des Wortes mit der Schnake zu tun hat, die, immerhin, „als Opfer überwiegend Menschen mit süßem Blut auswählt“. Zwingender ist da schon die Lösung von Ingrid Kollmannsperger aus Stelzenberg, wonach „schnäke“ mit dem englischen Wort „snack“ für „kleiner Imbiss“ zusammenhängen könnte. Sie findet für ihre Argumentation auch Mitstreiter: Ruth Kliefoth aus Kaiserslautern, Thomas Zech aus Bobenheim-Roxheim und Margrit Hehr aus Kandel.

Und was sagt die Wissenschaft? Das „Pfälzische Wörterbuch“ präsentiert das mittelhochdeutsche „snouken“ für „heimlich gehen“ als Erklärung (wer denkt da nicht an nächtliche Kühlschrank-Attacken?). Es hat sich im Frühneuhochdeutschen zu „schnaucken“ weiterentwickelt, das auch „naschen“ bedeutete, wie Peter Körner aus Bad Bergzabern herausgefunden hat. Womit immerhin klargestellt wäre: Nicht nur die Was-auf-den-Tisch-kommt-wird-gegessen-Verfechter, sondern auch die „Schnäger“ können auf eine jahrhundertelange Geschichte zurückblicken. Und „Saach blooß“ kann reuelos allen Lesern „Guten Appetit!“ wünschen.

Folge 57, erschienen am 25.1. 2005

„Kraddel“

Ein Fall von Hochmut

Die Pfälzer Nase weit im Himmel

Wie sagt der bibelfeste Kriminalkommissar? Hochmut kommt vor dem Fall (Sprüche Salomos, Kapitel 16, Vers 18). Bei „Saach blooß“ ist das etwas anders. Da wird der Hochmut selbst zum Fall. Denn die Serie über Pfälzer Wörter und Sprüche ermittelt heute in Sachen „Kraddel“, „Grattel“ oder auch „Krackel“.

Keine Schwierigkeiten bereitet die Bedeutung. „Wer einen Grattel hat, hält sich für etwas Besseres“, sagt Juanita Jungmann aus Albisheim. Während sie offen lässt, ob dieser Glaube berechtigt oder unberechtigt ist, liefert Hedwig Hoffelder aus Waldsee weitergehende Informationen: „Kraddel hot derjenige, wu in seiner Dummheit glaabt, er isch was Besseres.“ Dazu passt die Gedankenkonstruktion von Kurt Scherff aus Obrigheim-Mühlheim: „Ich könnte eine wissenschaftlich hoch geschraubte Theorie ins Feld führen, was ich alles weiß, und mir dann einbilden, ich wäre nach Einstein der zweitbeste Denker. Dann würde jeder sagen: Loss den Kerl ner redde, der meent ewunner, was er weeß mit seim Kraddel.“ – „Graddel ist ein altes Pfälzer Wort für Hochmut“, sagt unter anderem Liesel Drieß aus Hochstadt. Auch ihr Zitat legt den Schluss nahe, der Hochmut beruhe auf eingebildeten Qualitäten: „Do gugg emol, hot die velleicht e Graddel, mer mähnt wunner, wo die herkummt.“

Ein weiterer Zeuge im Sprach-Fall ist Peter Körner aus Bad Bergzabern. Er merkt an, einem Betroffenen könne neben Hochmut durchaus auch Zorn oder Trotz attestiert werden. Gebräuchlich sei das Wort zudem nicht nur in der Pfalz, sondern auch in Hessen und Baden. Und sogar im Schwäbischen, so Armin Jung aus Mutterstadt: „Der hot an Kratel wie an Stall voll Enta“, sagt man dort über einen „Großkotz, wie er im Buche steht“.

Das ist nicht die einzige Fährte, die „Saach blooß“ ins Feder-

„Hot die en Kraddel!"

vieh-Milieu verschlägt. Im Pfälzischen gibt es neben „Der hot en Graddel" noch die sinngleiche Wendung „Der hot en Gickel", worauf Cathrin Feldmann aus Ottersheim sowie Gertrud Becker aus Grünstadt hinweisen. Dahinter verbirgt sich der hochdeutsche eitle Gockel. Wally Müller aus Mutterstadt meint: „Der laaft mit hoch erhowenem Wersching (Wirsing = Kopf) durchs Terrä und will mit em gewehnliche Sterbliche (also den närrischen Hühnern) nix zu do hawwe." „Saach blooß" kann an dieser Stelle wissend ergänzen: fast nix ...

Anders als beim „Gickel" lässt sich der Ursprung des „Kraddel" kriminologisch nur mühsam ergründen. „Eventuell", formuliert Ernst Ecker aus Maikammer vorsichtig, könne das Wort mit „Grad“ wie in Dienstgrad zusammenhängen, was auch Lieselotte Kuntz aus Lemberg und Karola Schied aus Neustadt vermuten. Die Idee: Wer von höherem Rang oder graduiert ist, zeigt seinen Stolz (sei es auch nur graduell) und schaut hochmütig auf andere herab. Das ist zwar eine nette Indizienkette, aber kein endgültiger Beweis.

Eine andere heiße Spur bringt Johanna Kripp aus Ludwigshafen ins Spiel. Sie erinnert daran, dass mancherorts statt „Kraddel“ auch „Krackel“ benutzt werde. Neben „eitel und hochnäsig sein“ bietet sie die Übersetzung „den Kragen stellen“ an: den Hals (und somit die Nase) in die Höhe recken. Adolf Kupka aus Neustadt argumentiert derweil, der Gockel werde in der Pfalz (und im Elsass) auch als „Mischtkratzerle“ bezeichnet. Sein „ergo“ lautet: „Vom Kratzerle zum Krattel oder Grattel ist es doch nur ein kleiner Schritt.“

Eher in die Sackgasse führt Peter Körners Hinweis, eventuell könne das „Pfälzische Wörterbuch“ helfen. Darin steht zwar der schlaue Satz: „Der Westpfälzer nennt den selbstbewussten Vorderpfälzer einen Krattel“. Näheres zur Wortwurzel bietet das Standardwerk aber nicht. Dafür taucht das auch von Ruth Metz aus Hatzenbühl ins Feld geführte Adjektiv „graddlich“ auf, das meist mit Blick auf ältere Menschen für „unbeholfen“, „krumm“ oder „steif“ steht („Er hott en krattliche Gang“). Was gut zur Zuschrift des Bayern Wilhelm Schmidt passt, der in Ludwigshafen lebt: „Wir in Augsburg kennen das Substantiv nur in der Bedeutung für einen alten, krumm gebeugten Menschen, als Verbum für ‚sich mühsam fortbewegen‘“. Doch das, liebe Krimi-Freunde, ist Stoff für einen neuen Fall.

Folge 58, erschienen am 4.2.2005

Der nette Pfälzer von nebenan

Klar wie Wasser, treu wie Brot: Begegnungen mit einem Idealbild

Lässt sich Lob für einen Mitmenschen schöner verpacken als im pfälzischen Satz „Des is en klorer Kerl, kän Depp unn nix“? Es lässt sich sicher. Nur würde eine andere Formulierung nicht so treffend einen Aspekt der Pfälzer Mentalität wiedergeben – soweit Pauschalurteile überhaupt zu rechtfertigen sind: Der Pfälzer, die Pfälzerin kann durchaus mal eine(n) andere(n) loben, tut das aber nicht ohne spöttischen Schlenker. Denn eines ist klar wie Kloßbrühe: Am meisten gelobt gehört man selbst.

Vielleicht liegt es an dieser Erkenntnis, dass in der Pfalz häufiger der Ausruf zu hören ist: „Ich glaab, du bischd net ganz klor (im Kopp)!“ Den kennen neben Joachim Lehmler aus Ludwigshafen, der auch den eingangs zitierten „kloren“ Spruch eingeschickt hat, unter anderem Inge Schornick aus Ludwigshafen und Karl Bergner aus Wachenheim. Letzterer formuliert sinngemäß: „Sie is e klori Bopp, awwer er is net klor im Kopp.“ Hochdeutsch: „Sie ist ein nettes Mädchen, aber er ist im Oberstübchen nicht ganz richtig sortiert.“ Liesel Drieß aus Hochstadt meint: „Du brauchscht där kä Surche (Sorgen) se mache, mei neier Freind drinkt und rächt nit und dut ach kä Droche verkunsemiere (zu sich nehmen). Des esch en klorer Kerl.“

Womit die Übersetzung schneller denn je zum Ursprung des Wörtchens „klor“ führt. Caroline Willrich aus dem westpfälzischen Niederkirchen schreibt: „Ich habe das Wort klor immer so interpretiert, dass jemand klar wie Wasser, also durchschaubar, ist.“ Wenn so jemand etwas vorschlage, meint sie, könne man darauf vertrauen. Wer „klor“ ist, redet und handelt klar und unmissverständlich, lautet auch die Einschätzung von Klaus Hollinger aus Spirkelbach.

„Des isch emol en klore Kerl!“

Nicht unter den Teppich kehren wollen wir die Hinweise von Armin Jung aus Mutterstadt und Klaus Juner aus Herschberg, wonach die sehr positive Bedeutung von „klor“ ans lateinische „gloria“ (für Ruhm) erinnere, das sich im deutschen „glorreich“ erhalten hat. Fest steht: „Klor“ bedeutet prima, verlässlich, nett, umgänglich, sympathisch; es gilt „für eine Person, die einen Super-Charakter hat und mit der man gut auskommt“, sagen „die Karin und die Elke vun de Haßlocher Sparkass“.

Felix Voll aus Bobenheim-Roxheim schreibt derweil klipp und klar, dass „klor“ eine mundartliche Lautveränderung von „a“ zu „o“ hinter sich habe. „Klar“ wiederum entstamme in schon fast bilderbuchhaft deutlicher Weise dem Lateinischen, wo „clarus“

nichts anderes als „hell, leuchtend, schön, glänzend, klar“ bedeutet habe. Benutzt werde „klor“ im Übrigen nicht nur in Verbindung mit Menschen, so der Bobenheimer, der erläutert: „’s-Wasser is klor, drin schwimme kann klor soi.“ Im „Pfälzischen Wörterbuch“ findet sich mit Verweis auf die Vorderpfalz folgendes Beispiel: „Wammer de ganze Dag geschafft hat wie e Brunnebutzer, mecht mer owends doch äbbes Gures picke und a e klore Schobbe dezu blose“.

Auch Peter Körner aus Bad Bergzabern führt „die bei uns übliche Lautveränderung von a auf o“ als Erklärung an und nennt eine ganze Reihe von Beispielen: „wahr/wohr, Jahr/Johr, nach/nooch, Schaf/Schoof, Schlaf/Schloof“. Alles klar? „Saach blooß“ meint: „Isch doch klor.“

Folge 59, erschienen am 25.2. 2005

„Net“ und „nit“

„Bei uns häßt's net nit, sondern net“

Auf der Suche nach den Grenzen des pfälzischen „Nicht“

Hedd isch norre net gefroot! Oder: Hedd ich blooß nit gfroocht! Es gibt einfache Fragen, schwierige, und solche, deren Antworten einen demütig werden lassen. Die Frage von „Saach blooß“ nach der Verteilung des Gebrauchs von „nit“ und „net“ (für „nicht“) im pfälzischen Raum tendiert heftig in Richtung dritter Kategorie.

Denn es gibt zwar eine einfache Antwort, aber auch eine sehr komplizierte. Die erste haben unter anderem „die Karin un die Elke vun de Haßlocher Sparkass“ formuliert: „Wir denken, dass die Nit-Sager eher aus dem Südpfälzer Raum kommen.“ Das ist korrekt, legt man die über 50 Zuschriften von Leserinnen und Lesern zugrunde, die „Saach blooß“ ihre Erfahrungen aus knapp 80 Orten mitgeteilt haben. Die gebürtige Landauerin Katrin Ohmer berichtet zum Beispiel „aus dem Sprach-Exil in Speyer“, dass sie dort mit ihrem Südpfälzer „nit“ ziemlich alleine stehe. Und zwei Dutzend Zuschriften aus der Westpfalz, so von Peter Lindacher aus Rodalben, belegen eindeutig: „Bei uns saat mer net nit.“

Das „net“ ist auch in der Nordpfalz und in weiten Teilen der Vorderpfalz nördlich der Linie Germersheim-Neustadt unumstritten. „Erst wenn man sich südlich von Speyer/Römerberg in Richtung Germersheim bewegt, kommen einem die ersten Nit-Laute zu Ohren“, erklärt Ronnie Thomas aus Schifferstadt. Aus Germersheim selbst, aber auch aus Schwegenheim, gibt es unterschiedliche Aussagen, die beweisen: Es gibt „net-nit-gemischte“ Ortschaften. Wobei in Germersheim die „Net“-Sager deutlich dominieren, wie die Zuschrift von Andreas Bast aus dem Ortsteil Sondernheim nahelegt, während in Schwegenheim die „Nit“-Sager in der Mehrheit sein dürften.

Wechselhaft ist die sprachliche Großwetterlage in der Südwestpfalz – wechselhafter zumindest, als die Aussage von Klaus Juner aus Herschberg vermuten lässt: „Nää, bei uns in de Südweschtpalz un im benachbarte saarpälzische Raum hääßt's net nit, numme net!" Mehrere Zuschriften aus dem Raum Hauenstein belegen allerdings, dass auch dort und im „Luger Tal" „nit" gesagt wird. Und zwar, wie Paul Wagner aus Rieschweiler es formuliert, „weil die im Dahner Feelseland schun so komisch redde wie die Siedpälzer". Tief aus dem westpfälzischen „Net"-Land, aus Zweibrücken, gibt es ebenfalls vereinzelte Hinweise auf den Gebrauch von „nit", und zwar mit Verweis auf das benachbarte Saarland. Womit wiederum die These von Leo Dörr aus Schweisweiler in ihrer Ausschließlichkeit widerlegt wäre; er schreibt: „Gell, des hädschte net geglaabt, des nit geheert zu denne do vorne drauß am Rhei!"

Es wird noch erstaunlicher: Westlich von Frankenthal, umgeben von Net-Sagern, gibt es Orte wie Beindersheim oder Heßheim, die sprachgeographisch zweifelsfrei auf einer „Nit"-Insel liegen, was mehrere Zuschriften belegen. Und während im Kreis Bad Dürkheim den Lesern zufolge allerorten „net" zu hören ist, soll es laut Klaus Weisbrod aus Neustadt in Esthal sonntags tatsächlich heißen: „Schbiel nit mit de Klicker, sunnschd machschd dich dreggisch." Und in Neupotz schließlich gibt es laut Erich Hoffmann sogar noch eine dritte Variante für pfälzisch „nicht", die erstaunlicherweise schwäbisch-alemannische Züge trägt: „In Neipotz säigt mer it."

Ein launiger Hinweis zum Thema erreichte „Saach blooß" derweil aus Kaiserslautern: „Immer öfter höre ich allerdings auch ein deutliches Njet!" Die kasachische Dependance von „Saach blooß", des Russischen bestens mächtig, meint da bloß: „Da!"

Zur Veranschaulichung der Materie hat RHEINPFALZ-Karikaturist Uwe Herrmann mühevoll, aber nicht unter notarieller Aufsicht, eine Landkarte mit der Verteilung aller Einsendungen gefertigt – der komplexen Wahrheit so nahe wie möglich, wenn auch ohne Gewähr. Prüfen Sie's selbst nach (Anmerkungen bitte an „Saach blooß" beziehungsweise den Verlag)!

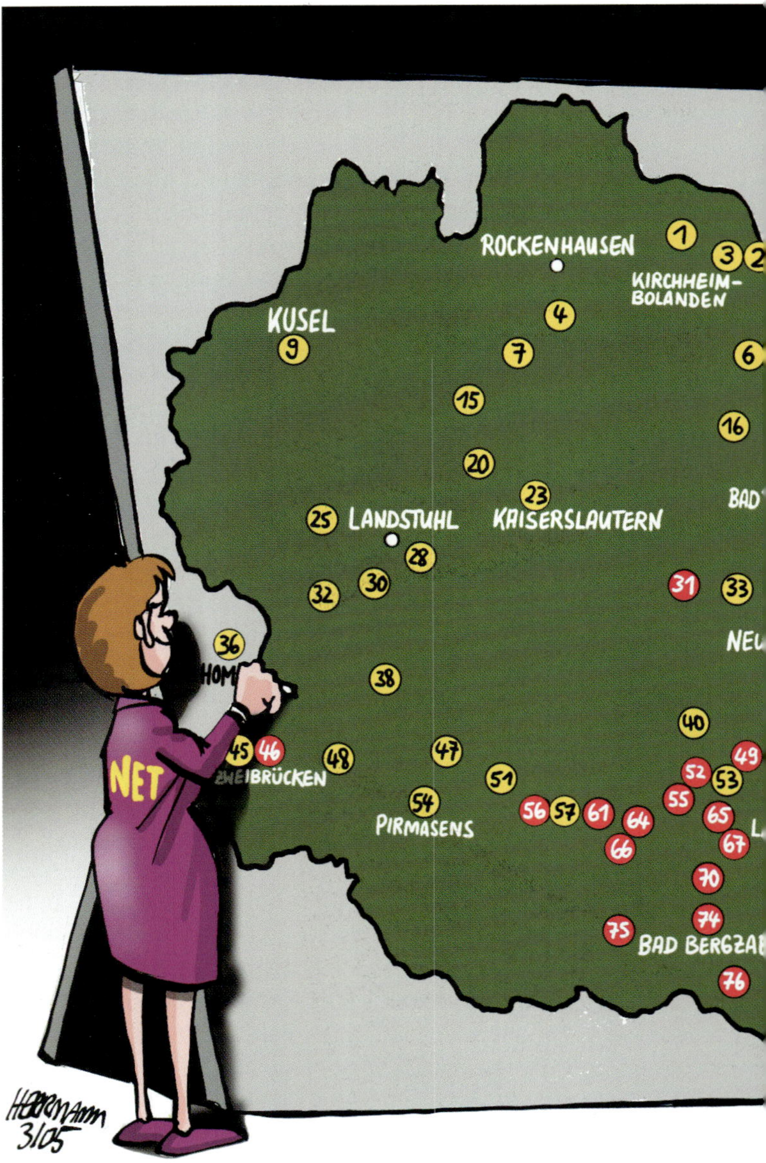
ROCKENHAUSEN
KIRCHHEIM-
BOLANDEN
KUSEL
LANDSTUHL
KAISERSLAUTERN
ZWEIBRÜCKEN
PIRMASENS
NET

NET
1 KIRCHHEIMBOLANDEN
2 EINSELTHUM
3 ALBISHEIM
4 SCHWEISWEILER
5 OBRIGHEIM
6 EBERTSHEIM
7 HEILIGENMOSCHEL
8 GRÜNSTADT
9 KUSEL
12 GROSSKARLBACH
13 KIRCHHEIM
14 FRANKENTHAL
15 HIRSCHHORN
16 ALTLEININGEN
18 LU-EDIGHEIM
19 LU-OPPAU
20 KL-SIEGELBACH
21 LUDWIGSHAFEN
22 FUSSGÖNHEIM
23 KAISERSLAUTERN
24 MUTTERSTADT
25 HÜTSCHENHAUSEN
26 DEIDESHEIM
27 MECKENHEIM
28 BANN
29 SCHIFFERSTADT
30 MITTELBRUNN
32 MARTINSHÖHE
33 LAMBRECHT
34 HASSLOCH
35 NEUSTADT
36 HOMBURG
37 SPEYER
38 HERSCHBERG
39 HARTHAUSEN
40 RAMBERG
42 SCHWEGENHEIM
43 RÖMERBERG
44 WEINGARTEN
45 ZWEIBRÜCKEN
47 RODALBEN
48 RIESCHWEILER
51 MÜNCHWEILER
53 QUEICHHAMBACH
54 PIRMASENS
57 HINTERWEIDENTHAL
58 SONDERNHEIM
NIT
10 BEINDERSHEIM
11 HESSHEIM
17 KALLSTADT
31 ESTHAL
41 SCHWEGENHEIM
46 ZWEIBRÜCKEN
49 BÖCHINGEN
50 HOCHSTADT
52 ALBERSWEILER
55 ANNWEILER
56 HINTERWEIDENTHAL
59 SONDERNHEIM
60 LANDAU
61 HAUENSTEIN
62 OFFENBACH
63 KNITTELSHEIM
64 LUG
65 LEINSWEILER
66 SCHWANHEIM
67 GÖCKLINGEN
68 RÜLZHEIM
69 HERXHEIM
70 GLEISZELLEN
71 ROHRBACH
72 RHEINZABERN
74 BAD BERGZABERN
75 BÖLLENBORN
76 STEINFELD
IT
73 NEUPOTZ
LU
SPEYER
GERMERS-
HEIM
NIT

Im „Pfälzischen Wörterbuch“ findet sich übrigens auch eine Karte zum Thema (Sachstand: 1960), außerdem der wissenschaftliche Hinweis: „Das 1887 in der nördlichen Vorderpfalz sowie in der nördlichen Nordpfalz noch verbreitete nit wurde in der Folgezeit von dem in der Pfalz vorherrschenden net bis auf ein kleines Restgebiet (bei Frankenthal) zurückgedrängt. Dagegen fand in diesem Zeitraum in der südlichen Vorderpfalz und östlich von Pirmasens ein Ausgleich zugunsten des dort dominierenden nit statt.“ Soll heißen: Sprache ist stets im Wandel und sie bahnt sich einfach ihren Weg. Und „Saach blooß“ senkt angesichts solch schöpferischer Kraft, der nachzuspüren uns vergönnt ist, demütig das Haupt.

Folge 60, erschienen am 11.3. 2005

Ein Scherzkeks mit Charme

Sympathisches aus der pfälzischen Schmäh- und Schimpfwortkiste

„Hoffentlich esch net der, wo die Frooch no'm Schode geschdellt hot, so enner!“ – Ganz schön süffisant, die Zuschrift von Walter Gundacker aus Hinterweidenthal. Aber vielleicht haben wir's ja verdient. Denn zum wiederholten Mal hat „Saach blooß“ mit einer Frage in die prall gefüllte Pfälzer Schmäh- und Schimpfwortkiste gegriffen – nach spektakulären Erfolgen mit „Dollbohrer“ (Folge 11), „Griwwelbisser“ (Folge 18), „Freckling/Kafruse“ (Folge 28) und „Dumm wie Holler“ (Folge 32 – alle nachzulesen im ersten Band: „Saach blooß“, 2006). Ende offen ...

„En Schode, des is ener, denn wu du net ganz ernscht nemme kannscht. Net, dass er en Depp wär, norre e bissel närrisch“, sagt Rudolf Walther aus Großkarlbach. Ilona Klauer aus Altrip hat ihre 79-jährige Mutter gefragt, die ihr sagte, dass ein Schode „irgendeinen Spaß macht“. Wobei sie das Wort nicht so schreiben könne, wie ihre Mutter es ausgesprochen habe. In der Tat sind neben „Scho(o)de“ auch „Schoude“ oder „Scheoude“ zu hören, wobei der Unterkiefer leicht mahlende Bewegungen vollführt, etwa wie bei einem Wiederkäuer.

Ein „Schode“ sei stets männlich, meint die überwältigende Mehrheit der Einsender, und in etwa das Gegenstück der weiblichen „Schinoos“ (siehe Seite 13). Das sagt Joachim Lehmler (Ludwigshafen), für den sich ein „Schode“ durch „humorige, etwas hintersinnige Bemerkungen oder auch praktische Scherze“ auszeichnet. „E pälzischi Ehrbezeichnung“ nennt Klaus Eymann aus Winnweiler das Wort gar. Für Jürgen Jacob aus Kaiserslautern ist „en alde Schoode“ ein Mann, „der mit 70 Jahren mit seinen Enkeln von sechs Jahren noch am Klettergerüst turnt“. Oder ein über 40 Jahre lang aktiver Fußballer, wie sich

Hans Estelmann aus Böchingen erinnert: „Meine Frau sagte oft: Ich bänn emol gschpannt, wie lang der alte Schoude noch schpeelt.“ (Meistens sehr lang.) Johanna Kripp aus Ludwigshafen weist allerdings darauf hin, der Ausruf „du alder Schode!“ lasse nicht zwangsläufig auf das biologische Alter des Angesprochenen schließen. Es könne auch ein Junger gemeint sein. Auf jeden Fall aber einer, der wenig auf gesellschaftliche Konventionen gibt: „Betracht emol den Schoode, der kehrt jo Sunndag morgens die Gass“, schreibt Hans Herrmann aus Haßloch. „Saach blooß“ – im Gassekehren nachlässig – mahnt: (auch) Sonntags nie!

Etwas abwertender als „Schoude“ sind die meisten Zusammensetzungen. Ein „Hoppschoder“ sei „ein ganz verschrobenes Hinkel“, ein „abgedrehter Exzentriker“, sagt Auguste Schuck aus Kaiserslautern. Heinz Stuber aus Nerzweiler kennt

als Steigerung gar den „Deppschode“. Und selbst das weibliche Geschlecht kommt wieder ins Spiel – als „Scho(u)debless“, worauf unter anderem Inge Schornick aus Ludwigshafen und Liesel Drieß aus Hochstadt hinweisen.

Eine gewichtige Rolle spielen Frauen in einem alten Liedtext, den Eugen Walther, Heßheim, und Hans Ehrhardt, Gossersweiler-Stein, kennen: „Nemm dich in acht vor unsere Pälzer Mädle, sie roppen dich, sie zoppen dich, sie petzen dich noch Note, sie uzen dich, sie duzen dich, sie halten dich zum Schote.“

Womit wir wieder bei Walter Gundackers Eingangsbemerkung wären. Denn „Saach blooß“ hat sich mit der Frage nach dem „Schode“ – der nichts mit der länglichen Hülle um Bohnen oder Erbsen zu tun hat – tatsächlich ein wenig zu einem solchen gemacht. Hatten wir uns doch bereits auf Seite 16 (Folge 56) mit pfälzischen Wörtern hebräisch-jiddischen Ursprungs befasst. Und nun erfahren wir – unter anderem von Jürgen Strebel aus Waldsee, Hubert Vollmer aus Ludwigshafen, Hildegund Scheffel aus Trippstadt, Rosemarie Mathes aus Germersheim und Klaus Juner aus Herschberg: „Schojte“ steht im Jiddischen für Narr, Tölpel, Einfaltspinsel. Kann das Zufall sein? Hoffentlich.

Folge 61, erschienen am 31.3. 2005

„Lebdaach“

Das Temperaments-Gefälle

Was West- und Vorderpfälzer zu unterscheiden scheint

Gute Nachrichten für „Saach blooß“: „Se Lebdaach her ich nedd uff, on die RHEINPFALZ zu schreiwe, wonn's noodwennich is“, antwortet Jürgen Jacob aus Kaiserslautern auf die jüngste Frage von „Saach blooß“, der ganz besonders notwendigen Serie über Pfälzer Sprüche und Begriffe für alle Lebenslagen. Soll heißen: Wir können uns auf unsere Leserinnen und Leser verlassen. Besonders dann, wenn es darum geht, die Vielschichtigkeit Pfälzer Sprüche lebensnah herauszuarbeiten: „Meine Frau geht öfters in der Woche zu ihrer Freundin“, gibt Hans Estelmann aus Böchingen zu Protokoll, aber „wenn ich einmal im Monat zu meiner Freundin gehe, dann macht se en Lebdaach“. Womit zwei Varianten des Pfälzer „Lebtags“ eingeführt wären und „Saach blooß“ zwei fragwürdige Thesen aufstellen kann: a) Westpfälzer sind gelassener als ihre Landsleute im Rheintal und b) In der (südlichen) Vorderpfalz ist einfach mehr los.

„Han ich dann mei Läbdaa schon so ebbes geheert?“, fragt Klaus Juner aus dem südwestpfälzischen Herschberg. „Der, der hatt sei Lebdach noch nix gschafft“, liefert Karl Breiner aus Hauenstein ein besonders beliebtes Anwendungsbeispiel. Und, eingeschickt von Hans Herrmann aus Haßloch: „Du mit doine Blattfieß konnscht doch se Lebdag net uff die Ballettschul.“ Wie im Hochdeutschen stehe „Lebtag“ hier komplikationsfrei und im Wortsinn für „zu Lebzeiten“ oder „ein Leben lang“, sagt Edda Schelling aus Limburgerhof. Oder, in der Verneinung, für „nie und nimmer“, so „die Karin un die Elke vun de Haßlocher Sparkass“.

Die laute, lebhafte und durchaus auch aggressive Variante „En Lebdaach mache“ jedoch „ist bei uns nicht bekannt“, sagt Kurt Scherff aus dem nordvorderpfälzischen Obrigheim-Mühl-

„Missen ehr so en Lebdaach mache?“

heim. Er sieht sich einig mit sämtlichen Einsendern aus dem west- und südwestpfälzischen Raum. „Jetzt hoscht grad ää Mol in vier Woche die Gass gekehrt und machschd en Lebdaach draus“, schreibt dagegen Inge Schornick aus Ludwigshafen. „Weil im Fritzel sein Balle in de Marie ehrn Garde gfloche esch, hot die alleweil e Läbdach gemacht. Derweil esch doch do de Sack de Bännel nit wert“, weiß auch Liesel Drieß aus Hochstadt um das vorderpfälzische Temperament. Und Ludwig Hutzelmann aus Schifferstadt erinnert sich, dass seine Großmutter, „wenn ihr der Gaul durchging“, ausrief: „Wuu kammer dann aus soo're Klonischkeit so änn Lebdaach mache?“

Wenn „ein großes Spektakel, zum Beispiel der Dürkheimer Wurstmarkt", gefeiert werde oder „wenn Kinder schreien und lärmen", könne das als „en richdischer Lebdaach" bezeichnet werden, so Rosemarie Mathes aus Germersheim. „Trubel" oder „Lärm", „Aufhebens" oder „Gewese" und gar „Streit" lauten in diesen Fällen die Übersetzungen für den „Lebdaach", wie er allem Anschein nach nur in der Rheinebene verwendet wird, wo im Übrigen auch die Variante „Gelebdach(s) mache" in Gebrauch ist – mit verstärkender Vorsilbe wie in Geschrei, Gekeife oder pfälzisch „Gekrisch".

Was den Verdacht nährt: In den östlichen Regionen der Pfalz wird mehr gefeiert und man regt sich dort schneller auf. Jetzt bitte nicht aufregen, denn beides schließt „Saach blooß" wie immer nüchtern nur aus den nackten Fakten; auch wenn die einschlägige Sprach- und Dialektwissenschaft bislang die Frage nicht beantwortet hat, wie sich in einem Teilbereich des Sprachraums die Wortbedeutung so weit vom Ursprung „Lebtag" weg bewegen konnte. Vielleicht geschah es im Rückgriff auf noch tiefere Ursprünge: „Hier ist (ganz schön) Leben", „hier wird die Nacht zum Tag gemacht". „Se Lebdaach" jedenfalls dürfte „Saach blooß" keine bessere Lösung mehr einfallen.

Folge 62, erschienen am 22.4. 2005

Pantomimische Minidramen

Wo Gegenstände ganz sanft durch die Luft bewegt werden

Haben Sie dieser Tage einen Menschen gesehen, der mit den Händen (möglicherweise auch mit dem Oberkörper) seltsame Verrenkungen gemacht hat, um seinem Gegenüber etwas gestisch näherzubringen? Es könnte ein „Saach blooß“-Leser gewesen sein, der versucht hat, die Antwort auf die Frage aus der jüngsten Folge nachzuspielen. Wir haben uns jedenfalls bei der Lektüre der Zuschriften mit wachsendem Vergnügen einige pantomimische Minidramen vorgestellt.

Denn: Die Pfälzerinnen und Pfälzer haben sehr konkrete, wenn auch ganz unterschiedliche Vorstellungen, auf welche Weise sich das Wörtchen „schugge“ wie in „Schugg emol des Ding (e)riwwer“ in der Praxis offenbart. „Schugge bedeutet: Einen kleinen, gut zu fangenden und möglichst nicht zerbrechlichen Gegenstand auf kurze Distanz (jemandem) zuwerfen. Dabei erfolgt die Bewegung der Hand von unten, was dem Gegenstand eine leicht nach oben verlaufende Flugbahn gibt“, schreibt Joachim Lehmler aus Oggersheim, der das Wort der Vorderpfalz zuordnet. Ludwig Hutzelmann aus Schifferstadt schildert den Vorgang so: „Heute schicke ich Ihnen diesen Brief, denn werfen kann ich ihn nur in den Briefkasten, schmeißen kann ich nur mit einer Hand. Aber schugge kann man etwas nur beidhändig auf Sichtweite und gezielt.“ Etwa Ziegel in die Hände eines Dachdeckers, der auf Dachbalken steht, so Christl Weber aus Gleiszellen und Kurt Scherff aus Obrigheim.

„Schöpplers ern Hoiner“ aus Birkenheide meint: „Schugge dud mer vun unne un meischdens mit zwää Händ, a ned so feschd, dass der annere a fange kann.“ Norbert Kästel aus Geinsheim („Man wirft dem Gegenüber auf sanfte Weise etwas zu“) und Walter Gundacker aus Hinterweidenthal („jemandem

„Schugg emol ruff!“

einen Gegenstand zum Auffangen zuwerfen“) deuten ebenfalls an, dass beim „Schugge“ Rücksichtnahme auf den Adressaten eine maßgebliche Rolle spielt – anders als beim Werfen oder Schmeißen, beispielsweise von Eiern, Tomaten oder Steinen (außerhalb des Baugewerbes).

Wenngleich also eine relative Mehrheit der Einsender das „Schugge“ als Aktion ansieht, bei der ein Gegenstand mit beiden Händen angefasst und dann durch die Luft geschickt wird, gibt es auch andere Lesarten, zum Beispiel von Dieter Burkhard aus Beindersheim: „Wie mer's Haus vun meine Großdande renowierd hän, hott mein Vadder die Baggschdää uff de Schbaa-

de geleggd und hot se mer uffs Dach nuff gschuggd." Bei Hans Estelmann aus Böchingen entfällt gar die Flugphase vollständig – wenn „Saach blooß" sich in diesem Fall die Szene nicht völlig falsch ausgemalt hat: „Babbel nit sou dumm unn du mer de Schoppe rüwerschugge!" Oder: „Gäb dere Uhr mol änn Schugg, dass se weirer lääft." Elisabeth Ref aus Grünstadt, die in Schwaben aufwuchs, kennt „schuggen" auch als „anstoßen" wie beim Schaukeln: als „nicht zu heftiges Schieben, Schubsen, Verschieben".

Rosemarie Mathes aus Germersheim vermutet dementsprechend, der Ursprung des Worts könne im französischen „choquer" für „einen Stoß versetzen" liegen. Da dabei aber nach dem Stoßen kein Flug folgt, läuft diese Lösung der Pfälzer Sprachrealität zuwider. Klaus Juner aus Herschberg, Liesel Drieß aus Hochstadt und Walter Gundacker vermuten, dass „schucken", mit „ck" geschrieben, von „schicken" kommen könnte. Peter Körner aus Bad Bergzabern und „die Karin un die Elke vun de Haßlocher Sparkass" halten einen Zusammenhang mit dem jiddischen „meschugge" (durchgedreht) für möglich, ohne dass allerdings klar würde, was am sanften Bewegen von Gegenständen so verrückt sein soll. Das wiederum bedeutet: Die Pfälzer müssen sich beim Thema „schugge" wohl weiterhin ohne jede sprachwissenschaftliche Rückendeckung mit gymnastischen Übungen begnügen.

Folge 63, erschienen am 14.5. 2005

Grooße Fieß

Gefahr für Pflanzen und Getier

Zwischen Spott und Heldentum: Pfälzer Quadratlatschen

Dass, wer auf großem Fuß lebt, nicht reich sein muss, ist kein Geheimnis. Besagt doch ein Witz, den wir nicht einer bestimmten und schon gar nicht einer pfälzischen Stadt zuordnen wollen, dass dort deutlich mehr Menschen im Porsche als im Bus unterwegs seien. Denn, so die Pointe: Eine Busfahrkarte müsse man vor Fahrtantritt bar bezahlen. Der Spruch vom großen Fuß kann allerdings auch – ohne Rücksicht auf die individuelle Kassenlage – wörtlich genommen werden.

Wie so oft in der pfälzischen Sprache weckt das Ungewöhnliche ein ungewöhnliches Maß an Kreativität. Dürften die von Hans Herrmann aus Haßloch ins Feld geführten „Quadratlatschen" und der Vergleich „Fieß wie zwä Geichekäschde" noch brav dem Hochdeutschen entstammen, so sind die „Flurschade-Bretter" oder „Päddelträder" (hochdeutsch, grob übersetzt: Pfädchentrampler), wie sie Ludwig Hutzelmann aus Schifferstadt kennt, schon eher pfälzischen Ursprungs. Und das ganz gewiss urpfälzische, von Hans Magin aus Schifferstadt eingeschickte Wort „Saladblänzeldeter" musste „Saach blooß" mehrfach laut lesen, bevor sich dahinter die „Salatpflänzchentöter" offenbarten.

Es macht Pfälzerinnen und Pfälzern offensichtlich Spaß, Menschen mit Schuhübergröße auf die Schippe zu nehmen. Spott wie „Der helft bestimmt beim Vermessungsamt un muss bei de Flurbereinichung die neie Grenze ablaafe", „Der find kä Kitzelstäänel im Schuh sondern e Beißzang" (Norbert Kästel, Geinsheim), oder „Der dried mit dene Fieß ä Glugg mit zwölf Junge dod" ist weit verbreitet, wobei auffällt, dass der Humor dabei die Grenze des Makabren gerne streift oder überschreitet: Der Vergleich „Fieß wie Kinnersärch(le)", den Inge Schor-

nick aus Ludwigshafen und Wilfried Haas aus Hochstadt kennen, belegt das zweifelsfrei.

Speziell im Ludwigshafener Raum finden sich auch historische Bezüge. „Der hot Fieß wie de gute Hirt vun Oggersche“ ist so ein Spruch, zu dessen Aufklärung Joachim Lehmler aus Oggersheim beiträgt: An der Mannheimer Straße habe einst eine 2,20 Meter hohe Sandsteinstatue des „Guten Hirten von Oggersheim“ gestanden, „die entsprechend große Füße hatte“. Die Figur sei verwittert und durch eine moderne ersetzt worden, die jetzt auf dem Gelände des Krankenhauses „Zum guten Hirten“ stehe. Die Erinnerung an die Riesenlatschen des ersten Denkmals hat aber überlebt. Der „gute Hirte“ war im Übrigen der Schäfer Hans Warsch, der im 30-jährigen Krieg zu

Berühmtheit gelangte, als er als einziger Mann im Ort den spanischen Angreifern die Stirn bot.

Ebenfalls aus einem Ludwigshafener Stadtteil stammt die Redensart „Fieß wie de Ruchemer Feldschitz“. Auf der Suche nach dessen (natürlich besonders großen) Spuren traf „Saach blooß“ auf Ernst Gutermann, den letzten Bürgermeister der bis 1974 unabhängigen Gemeinde Ruchheim. Es sei bis heute nicht sicher, welcher Feldschütz einst auf Riesenfüßen durch die Gemarkung marschierte, sagt er. Gutermann, 75 Jahre alt, vermutet aber, dass der Spruch auf die Feldhüter Emrich und Schulz zurückgeht, die bis in die 1920er Jahre aktiv waren. Beide habe er als „sehr große Männer“ in Erinnerung. Und: „Die hatten bestimmt auch große Füße.“ Was aber nicht besagen muss, siehe oben, dass beide auf besonders großem Fuß gelebt haben.

Das gilt eher für andere: Viele Leser haben zum Stichwort „Füße“ auf den Spruch nach dem Muster „Oppauer Fieß und Pariser Schickelscher“ (Schuhe) verwiesen (siehe Folge 2 im ersten „Saach blooß“-Band). Diesen gibt es in zahllosen Varianten (Melschbacher/Hoschder/Böchinger/Nußdorfer/Haßlocher Fieß und so weiter). Sie bedeuten stets: Jemand gibt vor, beispielsweise durch neureiches Gebaren, etwas Besseres zu sein, als er ist.

Folge 64, erschienen am 3.6. 2005

Bitte hinten rum heben!

Von Umstandskrämern, Trödlern und Schlafmützen

Wir können es ja selbst kaum glauben, aber sogar „Saach blooß“ kann man kritisieren. So sei es nicht in Ordnung, dass „Saach blooß“ „Saach blooß“ heißt, schreiben immer wieder mal Leserinnen und Leser, vor allem aus der Westpfalz. „Saa blooß“ sollte die Serie heißen, oder wenigstens „Saa(ch) blooß“, um auch der pfälzischen Sprache, wie sie westlich des Haardtrands Anwendung findet, gerecht zu werden. So lautet das Argument, das wir an dieser Stelle gerne noch einmal aufgreifen wollen.

„Saach blooß“ meint: An dem Hinweis ist zwar was dran, doch scheuen wir uns, den schönen Serien- und Buchtitel mit Klammern zu verunzieren. Vor allem, weil der korrekte Name dann „Saa(ch) blooß/nur“ lauten müsste. Denn nahe am Rhein und mancherorts in der Westpfalz muss in dem Ausruf des Erstaunens das „Blooß“ dem „Nur“ weichen, oder dem „Norre“, oder gar dem „Numme“. Da nimmt „Saach blooß“ dann doch lieber einen Teil fürs Ganze und hofft auf Ihr Wohlwollen, liebe „Saa“- und „Norre“-Sager. Und: nix fer uuguut.

Wenn Ihnen die Argumentationskette, mit der wir uns gerade zwei Absätze lang gerechtfertigt haben, hölzern oder umständlich erscheint: Die Westpfälzer haben den richtigen Ausdruck dafür. Mit „hääbgedreht“ oder „heebgedreht“ wollen wir uns nämlich – als kleine Wiedergutmachung – einem Wort widmen, das in der Vorderpfalz nur wenige zu kennen scheinen, wie zum Beispiel Joachim Lehmler aus Ludwigshafen festgestellt hat.

Tief im Westen dagegen, „im Holzland zwischen Moosalb und oberem Schwarzbach“, schreibt Walter Gundacker aus Hinterweidenthal, wird „ein sehr behäbiger, schwerfälliger, ungeschick-

ter Mensch“ als „heebgedreht“ bezeichnet: „Denne muschde dreimol hinnerum hewe, bis er was apackt.“ „In meinem Geburtsort in Kindsbach war dieser Ausdruck gang und gäbe“, sagt Berthold Lutz aus Ludwigshafen, „meine Frau aus Ludwigshafen kannte die Bezeichnung nicht.“ Und: „Heebgedreht“ bedeute nicht unbedingt lustlos, phlegmatisch, langsam, trödelnd, gemächlich, „doch von all diesen Eigenschaften steckt viel in der Beurteilung“. In Rieschweiler-Mühlbach ist jemand „heebgedreht“, wenn er länger braucht als andere, berichtet Paul Wagner, „er ist halt so richtig lahmarschig“. Oder er hat „körperlich und geistig keinen Mumm mehr“, wie der Kaiserslauterer Wolfgang Koehlen ergänzt.

Auf die Frage nach dem Ursprung des mühsamen Wörtchens

verweist Kurt Scherff auf Obrigheim-Mühlheim auf das gleichbedeutende „dreigedreht“: „Der dreht sich dreimol um sich selbscht erum, ohne se wisse, wie ma ebbes macht.“ Klaus Juner aus Herschberg vermutet, die erste Hälfte des Ausdrucks könne auf das mittelalterliche „houbet/houpt“ (für Kopf, Haupt) zurückgehen, womit „heebgedreht“ für „verdrehter Kopf“ stehen könnte. Warum sich allerdings speziell die Westpfälzer den Kopf verdrehen lassen (und von wem), darauf hat auch er keine Antwort. Vielleicht hat „heeb“, geschrieben als „hääb“, auch nur dieselbe Wurzel wie „behäbig“.

Wir wollen nicht unterschlagen, dass Edmund Koppenhöfer aus Bad Dürkheim und Inge Schornick aus Ludwigshafen als Nicht-Westpfälzer wussten, was „heebgedreht“ bedeutet – doch beide stellen, so das Ergebnis intensiver „Saach blooß“-Recherchen, bemerkenswerte Ausnahmen dar. Nicht näher äußern wollen wir uns zu der Frage, ob diese Recherchen so ausgesehen haben könnten, wie Inge Schornick das heutige Thema zusammenfasst: „Mer konn gar net higucke, wie der sich heebgedreht aastellt bei re ganz äfache Erwet (für Nichtmuttersprachler: Arbeit).“ Wir haben uns zumindest Mühe gegeben.

Folge 65, erschienen am 24.6. 2005

„Knärzel“

Ein Stück vom Glück

Wie Bäcker die Pfalz in Verzückung versetzen können

Wie finde ich das Glück? Scharen von Philosophen haben ihren Gedanken Beine gemacht, um Antwort auf diese Urfrage zu finden. Die Stoiker kamen zu dem Schluss, Gelassenheit sei der Weg, nach Epikur ist es das Beste, seine Lust auszuleben, für Rationalisten ist Vernunft der Schlüssel und Asketen finden im Verzicht Erfüllung. Was stimmt nun? Die „Saach blooß“-Leser haben eine viel einfachere Lösung gefunden. Sie funktioniert mit einer Ecke Brot.

„Wenn ich mit dem Fahrrad früher ins Dorf Brot hole geschickt wurde, und das Knärzje schaute heimwärts so verführerisch aus der Tasche, so konnte ich nicht anders, ich musste blicke, das heißt: kleine Stücke abbrechen und essen“, schreibt Ilse Lang aus Brücken, die diese Erinnerung mit Menschen aus der ganzen Pfalz teilt. Volkhard Sittel aus Dudenhofen berichtet, wie er nach dem Zweiten Weltkrieg auf dem Heimweg von der Bäckerei es sich „trotz Verbots nicht versagen konnte, den frischen, warmen Brotlaib anzubeißen, wenigstens an einem Knärzel“. Georg Boudgoust aus Oggersheim erzählt von seiner Großfamilie, in der das frische Brot mit einem Ausruf aus vielen Kinderkehlen begrüßt wurde: „Ich will's Knärzel hawwe!“ „Man stritt auch gelegentlich darum“, erzählt Helmut Orschiedt aus München (aufgewachsen in Oggersheim). Denn: „Mit Butter reichlich beschmiert und mit etwas Salz bestreut, war das ein Hochgenuss (ist es auch heute noch).“ – „Wenn es weich war und so verführerisch duftete, hatten wir Kinder es, bis wir vom Bäcker nach Hause kamen, meistens bereits abgegrubbelt“, so Johanna Kripp aus Ludwigshafen.

Günter Steck aus Speyer hat seine Vorliebe für die Brotkante den Uznamen „Knorze“ beschert, womit er zugleich auf den nicht allzu tief verborgenen Ursprung des pfälzischen Worts gestoßen ist: „Knärzel/Knärzje sind die Verkleinerungsformen von „Knorze“ (süddeutsch auch „Knorren“) – wie in Reb- oder Baumknorze. Gemeint war damit schon im Althochdeutschen „eine knotenförmige Verdickung“. Herausgefunden haben das Ute Falk aus Kusel, Anni Becker aus Kaiserslautern, Joachim Lehmler aus Ludwigshafen, Klaus Juner aus Herschberg, Ada Adler aus dem bayerischen Eichenau, Maria Schwöbel aus Steinfeld, Walter Kreutzenberger aus Landau, Inge Schornick aus Ludwigshafen und Falk Rittig aus Grünstadt.

Es wäre das sprachforscherische Glück von „Saach blooß“ aber nicht vollkommen, wenn die Pfälzer aus dem „Knärzel“ (übrigens auch als „Kneisel“ bekannt), also der Brotkante (auch Wurst- oder Schinkenkante), nicht noch viel mehr machten: Der

„kleine runde Bauchspeck", so „die Karin un die Elke vun de Haßlocher Sparkass", „der leichte Bauchansatz", so Joachim Lehmler, oder gar „ein Kugelbauch", so Johanna Kripp, werden in der Pfalz hin und wieder ebenfalls als „Knärzel" oder „Knärzje" bezeichnet. „Auch der Mensch vermag einen Knärzel auf seinem Halse zu tragen", ergänzt Bernt D. Zeitler aus Neustadt. „Do streng halt mol doi Knärzel a", heißt es in der Zuschrift von Arno Limburg aus Böhl-Iggelheim. „Au, hab ich merr eewe de Knärzel weddergerennt!", schreibt Ludwig Hutzelmann aus Schifferstadt. Und Lothar Berger aus Bobenheim-Roxheim merkt an, dass auch die bei dem Zusammenstoß entstehende Beule als „Knärzje" bezeichnet werden kann.

Damit noch immer nicht genug: Selbst „goldige kleine Kinder", also Knirpse, werden in der Pfalz gelegentlich „klää Knärzel" oder „liewes Knärzel" genannt (so Waltraut Dreyer aus Oberotterbach). Zu guter Letzt gibt es laut Elsbeth Fix aus Bad Dürkheim noch das „alte Knärzel": „Ein Mensch, der bejahrt ist und hart im Nehmen, und trotz schweren Lebens ausdauernd und immer ein Stehaufmännchen geblieben ist". Auch eine Form von Glück, meint „Saach blooß".

Folge 66, erschienen am 8.7.2005

Mit Hang zur Neigung

Pfälzer Schieflagen: Von Böschungen und Buckeln im Gelände

Manchmal provozieren die einfachsten Fragen die kompliziertesten Antworten. Uff gut Pälzisch: Dumm gfroocht is schnell. Berthold Lutz aus Ludwigshafen formulierte es diplomatisch: „Frieher iss mer halt met de Bää de ‚Rech‘ nuffgerennt, seit Saach blooß muss man jetzt auch noch den Kopf strapazieren“ – und zwar beim Versuch, den Ursprung des Wörtchens „Rech“ zu ergründen.

Dabei ist die Bedeutung schnell erklärt: „Buggel im Gelände“ oder „Seidewänd in ’re Kiesgrub“, schreibt Dieter Burkhard aus Beindersheim, der auf die vorderpfälzische Variante „Resch“ hinweist. „Geh de Rech nuff!“, hat man Emma Scheler aus Steinbach am Glan zugerufen, wenn sie als Kind vor einer kleinen Anhöhe im Feld stand. Ruth Spieß aus Kirchheim schreibt: „Für uns war ein Rech eine grasbewachsene, mindestens mannshohe Anhöhe, meist längs eines Grabens. Wir hatten immer kleine Treppchen schräg aufwärts gehackt, um leichter hochklettern zu können.“ Für Helmut Heilig aus Grünstadt ist ein „Rech“ „eine kleine Erhebung“ rechts oder links eines Weges, Jürgen Schatz aus Frankenthal und Christl Weber aus Gleiszellen fiel „Böschung“ als Erklärung ein. „Immer ist eine Hanglage gegeben“, hält Walter Gundacker aus Hinterweidenthal fest, der Ackerrand in der Ebene, der Rain, werde nie als „Rech“ bezeichnet.

Während Norbert Kästel aus Geinsheim darauf hinweist, dass der meist grasbewachsene „Rech“ gewöhnlich nicht landwirtschaftlich genutzt werde, berichtet Elly Hartmüller aus Dirmstein, dass man aus der Böschung indirekt agrikulturellen Nutzen ziehen kann: „Nach dem Krieg“ hätten ihre Mutter und ihre Tante Elise einen „Rech“ von der Gemeinde gepachtet: „Man

war sehr froh, wenn man einen Rech zugeteilt bekam, damit man Futter hatte für die Hasen und Ziegen.“ In vielen Orten in der Westpfalz heißen laut Klaus Hollinger aus Spirkelbach heute noch Flurstücke „Geißenrech“. Und: „Auf dem Rech standen oft Obstbäume“, weiß Rosemarie Mathes aus Germersheim, „meistens Zwetschgenbäume“, wie Juanita Jungmann aus Albisheim berichtet.

Neben seiner Bedeutung für die Landwirtschaft ist der „Rech“ auch für Rutschpartien bekannt, die sich für Passanten aus dessen Steilheit ergeben: „De Kläne is de Rech runnergeborzelt“, schreibt Helmut Heilig. „De Nochbar hot sou vehl an de Flasch gezoche, do esch er uffem Hämwäch de Rech nab gfloche“, liefert Liesel Drieß aus Hochstadt ein Beispiel. Aloisia Gurk aus Dudenhofen, die aus Gossersweiler stammt, berichtet gar von einem soziologischen Phänomen: Sie habe von ihrem Wohnort aus häufig nach Annweiler fahren müssen, und „die Städter sahen hochnäsig auf die olwere Dalleit (ungehobelten Leute aus dem Tal) herab". Im Gegenzug machten diese sich über die Sprache der „eingebildeten Städter" lustig, „die der Meinung waren, ‚Isch lesch disch an de Resch und dresch disch' sei reinstes Hochdeutsch ..."

Doch mit Klopp- statt der von Berthold Lutz eingangs geforderten Kopparbeit verspricht die Suche nach dem Ursprung des Worts natürlich keinen Erfolg. Den Rechen, mit dem ein steiler Abhang bearbeitet werden kann, brachten als Erklärungsmodell ins Spiel: Johanna Kripp aus Ludwigshafen, Doris Rittmann aus Birkenheide, Kurt Scherff aus Mühlheim, Minnie Maria Rembe aus Winnweiler und Inge Schornick aus Ludwigshafen. Im etymologischen Duden allerdings muss man das hochdeutsche Wort „rechen" für „zusammenscharren" bis zum gotischen „rikan" zurückverfolgen, um zum Begriff „anhäufen" zu gelangen, von wo aus man sich zurück zum (angehäuften) Anhang, dem „Rech" also, argumentieren könnte.

Wer da jetzt Schieflage hat, das wollen wir mal lieber nicht kommentieren.

Folge 67, erschienen am 5.8. 2005

Pälzer Kepp

„E Woch lang de Wersching zerbroch“

Nicht auf den Kopf gefallen:
Die Pfälzer und ihr erdfernstes Körperteil

Ein abendfüllendes Programm mit den Nachbarn bei einem Glas Pfälzer Rotwein hat unsere Frage für die heutige Folge Ottilie Rieder aus Deidesheim beschert. Auch Iris Brenneisen aus Heßheim hat sich mit der Nachbarin den Kopf zerbrochen, um die Herausforderung zu bewältigen: die Suche nach Begriffen, mit denen Pfälzer ihr erdfernstes Körperteil bezeichnen.

„Wenn das leicht sein soll, muss ich noch dümmer sein als bisher zugegeben“, lautet der gewohnt kritische Kommentar von Berthold Lutz aus Ludwigshafen: Obwohl er sich „e Woch de Wersching zerbroch“ hat, „bis die Birn geraacht hot“, seien seiner „Rieb“ nur pfälzische Übersetzungen aus dem Gemüsegarten eingefallen: „Da ist mir der Gickel geschwolle, ob wegen Ihrer Mindestzielvorgabe oder meiner Einfallslosigkeit sei dahingestellt.“ Hatte „Saach blooß“ doch zwei Dutzend Begriffe gefordert. „An sich habe ich Zweifel, ob es wirklich so viele originär mundartliche Bezeichnungen für den Kopf gibt“, merkte Helmut Mutzbauer aus Bad Dürkheim an und lieferte eine ganze Liste von nicht nur in der Mundart verwendeten Begriffen mit, darunter gängige wie „Beer“ (Birne) und „Deez“ (von Französisch: tête) sowie seltene wie „Mollekopp“ (eigentlich Pfälzisch für Kaulquappe), „Seiher“ („Du gehscht mehr uff de ...“), „Bänsel“ (Pinsel), „Wescher“, „Mers(ch)el“ und „Fernzel“.

Ottilie Rieder hat die Begriffe in drei Gruppen eingeteilt: Gruppe eins mit zum Beispiel „Deez“ und „Haabsche“ (auch: „Hääbsche“, von „Haupt“), die sich von Wörtern ableiten, die ursprünglich für „Kopf“ stehen. In Gruppe zwei finden sich Begriffe wie „Wersching“, „Knerzje“ oder „Rieb“, die im übertragenen Sinn verwendet werden, weil diese Dinge der Form nach an den Kopf erinnern. In Gruppe drei folgen Zusammensetzungen: Dumm-, Dick-, Fress-, Stur-, Sauf-, Stroh-, Schlof-, Struwwel- und Saukopp. Letztere bezeichnen aber in der Regel Personen, nicht den Schädel selbst.

Daher zurück zum Dachstübchen, das nicht nur bei den Lesern geraucht hat, sondern auch bei „Saach blooß“, als der Poststapel abgearbeitet wurde: Wir waren diesmal besonders fleißig, denn wir wussten: „Schunnscht gibt's was uffs Dach“ (eingeschickt von Inge Schornick aus Ludwigshafen). „Hasch-de da widder de Kneisel ageschlah“, lieferte Hartmut Kochert aus Bruchmühlbach-Miesau ein Synonym. Auf den „Hernkasch-de“ wies neben anderen Mechthild Benner aus Offenbach hin. Unter anderem Peter Hasenzahl aus Ludwigshafen sowie „Adi,

Tiffi und Marcus aus Kerzrum (Kerzenheim)“ nannten den „Schwolles“ (von „schwellen“), Iris Brenneisen „Makron“ und „Märser“. Doris Rittmann lieferte die „Simulierkuchel“ („Ein Kopf, der denkt“), Doris Gerber aus Grünstadt, Rosemarie Mathes aus Germersheim und Walter Ruffler aus Ludwigshafen ergänzten die Obst- und Gemüsetheke um „Melon“, „Kürbis“ und „Nuss“. Auch das jiddische „Massick“ hat sich in der Pfalz niedergeschlagen, und Hans Ehrhardt aus Gossersweiler-Stein kennt für Kopf „Simmere“ (ein altes Getreidemaßgefäß) und „Drimmel“ (von „Trumm“). Da verwundert es nicht, wenn „die Karin und die Elke vun de Haßlocher Sparkass“ so geheimnisvolle Wörter wie „Horwel“ und „Torsche“ nennen, für die wir trotz ausgiebiger Recherche keinerlei Erklärung gefunden haben.

„Hab ich denn einen an der Waffel“, könnte man sich bei solch überbordender Begriffsvielfalt fragen. Die „Waffel“ findet sich (neben „Omme“ und „Streißje“) auf der „Kopf-Liste“ von Fritz Wagner aus Erlenbach auf Platz 32 – von 34! Da schlägt „Saach blooß“ endgültig die Hände über dem Haupt zusammen und ruft aus: „Fortsetzung folgt.“ Aber erst, wenn der Kopf wieder frei ist ...

Wem der Schädel brummt, mag sich bei Joachim Lehmler aus Ludwigshafen bedanken, der sich die Aufgabe ausgedacht hatte. Er hat früher, wenn er sich den Kopf gestoßen hatte, von seiner Mutter zu hören bekommen, er solle sich nicht so anstellen: „De Kopp is jo weider kän edle Körperdeil.“

Folge 68, erschienen am 19.8. 2005

Wenn Rauchen klug macht

Frustration auf Pfälzisch:
Ein Wort kann Welten zusammenbrechen lassen

Frustration kann viele Ursachen haben. In der Pfalz wird sie mit knallharter Regelmäßigkeit durch ein einziges Wort ausgelöst. „Derf ich nochher noch ins Kino?“ – „Peifedeckel, du bleibschd dehääm!“ oder „Ich hab gemähnt, de FCK bleibt emol dehääm ohne Gegedor – joo, Peifedeckel, widder zwää uhnedische g'fange“, nennt Joachim Lehmler aus Oggersheim Beispiele. Hans Estelmann aus Böchingen hat sich gedanklich in eine enttäuschte Ehefrau versetzt, die von ihrem Gatten einen Urlaub versprochen bekam, dann aber der Nachbarin erzählen muss: „Peifedeckel, er hot mer was gepiffe un hot sich dehäm uff die faul Haut gelecht.“ Liesel Drieß aus Hochstadt schreibt: „Hoscht du där verleicht eigebild, du kannschd immer mit meim Audo fahre? Peifedeckel, kääf der sälwer ens, do gewähnscht dich aach an die Preise.“ Soll heißen: Freunde, das Leben ist hart. Und nur manchmal gerecht.

Den Spruch „Vunn wechen, Herr Dechen, Peifedeckel“, hat „Bernie aus Landau“ eingeschickt und erklärt, dass dieser für „schlecht gelaufen“ stehe. Er plädiert für die naheliegende Erklärung zum Ursprung des Begriffs: Wenn der Deckel der Pfeife zu war, ging diese wegen Sauerstoffmangels aus. „Sie zieht nicht“, wie die Familien Michel und Koch aus Kaiserslautern es formulieren. Rauchgenuss? – Peifedeckel!

Die Erklärung ist gut, nur hat sie auf den ersten Blick einen kleinen Haken: In einem Zigarrengeschäft hat Ludwig Hutzelmann aus Schifferstadt krampfhaft Ausschau gehalten, Resultat: „Peifedeckel – keine Pfeife mit Deckel“. „Bei keiner der im Brockhaus beschriebenen Pfeifen wird ein Deckel erwähnt“, hat auch Joachim Lehmler festgestellt. Er selbst erinnert sich aber an die Meerschaumpfeife von Wilhelm Buschs Lehrer Lämpel, die – bevor sie Max und Moritz zum Explodieren brachten – über einen Deckel verfügt habe. Was bedeutet: Wir müssen nach alten Pfeifen suchen. (Nein, nicht nach Nieten in Nadelstreifen – wenngleich der Hinweis Pfeife/Niete von Gerhard Kaufmann aus Landau nicht zu vernachlässigen ist.)

Vor der Zigarettenzeit, die in Deutschland so richtig erst nach dem Zweiten Weltkrieg durch den Kontakt mit den US-Amerikanern begann, sei Tabak „in Form von Zigarren oder Stumpen geraucht, doch überwiegend in Pfeifen geschmaucht“ worden, analysiert Felix Voll aus Bobenheim-Roxheim und erläutert den Nichtrauchern von „Saach blooß“, dass es zwei Pfeifenarten gab: die billigen mit dem kurzstandigen, geraden oder gebogenen Saugrohr. Und die brustlangen, mit etwa 30 Zentimeter langem Saugrohr ausgestatteten, die von Hand, nicht allein zwischen den Zähnen, getragen werden mussten: „Der Topf war meist langeiförmig aus poliertem Holz oder Keramik, oftmals bemalt.“ Entscheidend: Die Töpfe verfügten über Deckel.

Wer nur ausführlich genug recherchiert, erfährt übrigens, dass es die Deckelpfeifen doch bis in die Gegenwart geschafft haben. Klaus D. Demzik von Tabakwaren Renner in Schifferstadt erklärt, bei ihm könne man gleich mehrere bayerische sogenannte Gesteckpfeifen mit Deckel (!) in Augenschein nehmen. Außerdem könne auch jede „normale Peif“ mit einem Deckel versehen werden. Das sei eine Errungenschaft aus der Zeit, als noch ausschließlich offen Auto gefahren worden sei und auch Seefahrer sowie Segler diesen Brandschutz zu schätzen gewusst hätten.

Apropos Brandschutz: „Einer meiner Großväter besaß mehrere solcher Pfeifen“, erinnert sich Helmut Mutzbauer aus Bad Dürkheim. Verwendet worden seien sie typischerweise im Bergbau oder von Forstleuten, teilweise sei ihre Benutzung gar vorgeschrieben gewesen. Er erzählt eine Anekdote aus der Zeit vor dem Ersten Weltkrieg, die „zugleich die Holzhammermethodik der militärischen Ausbildung blitzartig erhellt“. Der Ausbilder, damals Spieß genannt, habe gefragt: „Womit darf wer ohne

„Peifedeckel!"

was über was nicht gehen?" Vorgeschriebene Antwort: „Der Soldat mit brennender Pfeife ohne Pfeifendeckel über den Kasernenhof."

Nicht im engen Sinne militärisch, aber doch kämpferisch, nicht sprachwissenschaftlich fundiert und auch pfeifengeschichtlich ohne jede Relevanz, aber doch in hohem Maße erhellend ist die Alltagsgeschichte, hinter der Brigitte Nullet aus Schaidt die Entstehung von „Peifedeckel" vermutet: „Wenn der Mann in der Wohnung Pfeife raucht, gibt's eins auf den Deckel." „Saach blooß", Anwalt der Entrechteten, stellt fest: Toleranz im Haushalt? – Peifedeckel ...

Folge 69, erschienen am 9.9.2005

„Hewwel“

Im D-Zug durch die Kinderstube

Nett oder net? – Die Pfälzer und ihre Umgangsformen

Sind Pfälzer nett? Netter als andere? Eigentlich hatte „Saach blooß“ nie vor, derart grundlegende Fragen zu diskutieren. Droht doch der Vorwurf, man verallgemeinere, wo es Individuen zu betrachten gelte. Aber: Was soll die Dibbelschisserei ...

„Höflichkeit ist eine Zier, doch weiter kommt man ohne ihr“ – dieser Sinnspruch entstammt ausdrücklich nicht dem Sprachrepertoire der Pfalz. Es ist Hauptstadt-Grammatik, die da durchklingt. Und auch die weitergehende Weisheit, wonach auf einen groben Klotz ein grober Keil gehöre, ist im gesamten deutschen Sprachraum verbreitet. Nur: Warum haben die Pfälzer ein eigenes Schimpfwort für einen Mann, „der im D-Zug durch die Kinderstube gefahren ist, zwää Händ im Sack, wanner mit äm redd“, wie Joachim Lehmler aus Ludwigshafen es formuliert? Oder Hans Estelmann aus Böchingen: „Du bescht änn richticher Hewwel, du kannscht noch nit emol gunn Dach saache!“

„Du Hewwel!“ – damit wird eine männliche Person tituliert, die „ungehobelt und grob“ ist (so Johanna Kripp aus Ludwigshafen und Günter Steck aus Speyer), außerdem „primitiv, ohne Anstand, unfreundlich“ (Karl Heinrich Müller aus Speyer), „ungeschickt und wenig feinfühlig“ (Jutta Tigiser aus Albersweiler) sowie „ungeschlacht“, „derb und rücksichtslos“ (Klaus Juner aus Herschberg beziehungsweise Rosemarie Mathes aus Germersheim). Damit sei der „Hewwel“ etwa gleichbedeutend mit „Klowe“ oder „Blödmann“, sagt Fridolin Veidt aus Nünschweiler, oder mit dem „Olwer“ (der übrigens auch als „Olwerdolwer“ firmiert), sagt Heike Rahn.

„Do kannscht nix mache, so sinn se halt, die Baurehewwel, die kriehn de Hals nie voll genung“, spricht Rudolf Walther aus Großkarlbach eine Variante an, die – gar nicht nett – einen ganzen Berufsstand unter Generalverdacht stellt. Ein Vorurteil, dessen Ursprung er „auf die Feudalverhältnisse früherer Zeiten“ zurückführt, in denen sich Adel und Bürgertum gegen den Bauernstand abgrenzen wollten. Wer die Zusammensetzung heute noch verwende, solle sich schämen, schreibt Ludwig Hutzelmann aus Schifferstadt, und „die Karin un die Elke vun de Haßlocher Sparkass“ meinen, dass man mit „Baurehewwel“ vielen dieser Zunft Unrecht tut.

„Sie Hewwel!“

Laut Hutzelmann hat der „Baurehewwel“ ursprünglich nichts mit den Umgangsformen des Landwirts zu tun. Vielmehr sei ein etwa 70 Zentimeter langes Vierkantholz gemeint, das früher „zum Betätigen einer Seilwinde an einem Erntewagen“ benötigt wurde – als „Hebel“ eben. Und in der Tat kennen weitere Leser den „Hewwel“ als „(Holz-)Prügel“. Aus dem Rahmen fallen dafür die Hinweise, dass auch eine dicke Brotscheibe als

„Hewwel“ bezeichnet werde, wie unter anderem Felix Voll aus Bobenheim-Roxheim berichtet, und außerdem ein Hügel oder kleiner Berg (so Leo Dörr aus Schweisweiler, Berthold Lutz aus Ludwigshafen und Klaus Juner). Auf der Suche nach der Wortwurzel des „Hewwel“ verweisen Christel Zimmermann und Joachim Lehmler statt auf den Hebel auf den Hobel, der sich im Wort „ungehobelt“ zeige, „und der ja auch ohne Rücksicht auf Verluste alles beseitigt, was ihm im Weg ist“.

Zur Eingangsfrage halten wir abschließend fest: Es gibt zwei Möglichkeiten. „Hewwel“ als Schimpfwort ist entstanden, weil die Pfälzer, nett bis ins Mark, sich klarer als andere von Menschen mit schlechten Umgangsformen distanzieren. Oder, Theorie B: Es gibt in der Pfalz so viele „Hewwel“, dass eigens ein Wort für sie geprägt werden musste. „Saach blooß“ meint: Es steht unentschieden. Lokalpatriotischen Zweiflern sei die Geschichte von Hans Ehrhardt aus Gossersweiler-Stein entgegengehalten, nach der es hierzulande selbst in Liebesdingen rücksichtslos zugeht: „Die ledige Nannel-Bas zu ihrer einzigen Cousine: Wann du dänn Hewwel heiratscht, erbscht mein Bättl nit!“

Folge 70, erschienen am 23.9. 2005

Bedenkliche Buchstaben

Die Rüben so dick, dass sich der Acker biegt: Wenn Pfälzer prahlen

„Was erlaube Strruuunz?“ Selbst Nichtfußballfreunden dürfte noch die Brandrede des italienischen Fußballlehrers Giovanni Trapattoni in den Ohren klingen, als er im März 1998, in seiner Zeit beim FC Bayern München, unter anderem dem aufmüpfigen Mittelfeldkicker Thomas Strunz die Leviten gelesen hat. Daran haben uns Joachim Lehmler aus Ludwigshafen und Doris Rittmann aus Birkenheide erinnert. Denn auch Sprachfreunde hatte der Wutausbruch des Trainers damals in Erregung versetzt – klingt „Strunz“ doch schwer nach dem beliebten italienischen Schimpfwort „stronzo“. Spätestens mit Trapattonis „Strruuunz“, das zum geflügelten Wort wurde, war auch den Deutschen klar: Diese Buchstabenfolge hat etwas Bedenkliches, Subversives (man denke nur an das Wort „strunzdumm“, auf das Ulli Ziegenfuß aus Frankenthal hinweist).

Die Pfälzer hatten das schon lange gewusst. „Wann viel Sai grunze, die Kieh gut brunze, die Bauere strunze“, schreibt Klaus Juner aus Herschberg. „Du Dabbschädel, du bleeder, strunzscht iwwer dei eigeni Dummheit“, meint Anni Seither aus Kandel. „Ein Strunzer ist ein Prahler, Angeber“, erläutert Inge Schornick aus Ludwigshafen und fügt hinzu: „moi Jacht, moi Audo un moi Fraa. – Man beachte die Reihenfolge.“ „Wer strunzt, ist ein Prahler, weil er angibt, was er alles hat, kann und mit wem er umgeht“, sagt Klaus Hollinger aus Spirkelbach. Hans Estelmann aus Böchingen meint: „Der dut schunn strunze, bevor er die Gosch (den Mund) uffmacht.“ „Mer strunzen net“ soll dagegen nach pfälzischem Selbstverständnis eine Bestätigung dafür darstellen, dass man die Wahrheit spricht.

O. H. Fries aus Berlin, der „Saach blooß“ per „Schnibbeldienst“

zu lesen bekommt, erinnert sich an früher: „Sonntagnachmittag. Man hockt beim Schoofkopp (Schafskopf, ein Kartenspiel) und me Vertelche im Wirtshaus und redet nebenbei auch über die bevorstehende Zuckerrübenernte. Natürlich hat jeder auf seinem Acker die dicksten Rüben stehen. Einer überbietet alle: Ich hab do unne Riewe geplanzt – ich saach eich, de Acker biegt sich." Der Leser merkt an „Dies war wohl gestrunzt." Aber nicht nur mit agrikulturellen Erzeugnissen lässt sich großtun, sondern auch mit dem eigenen Nachwuchs („Guggenemol, was unser Klänner schunn kann", „Hämmer nit e goldichie Krott (Kröte)?"). Diese Geisteshaltung rief schon die 1870 geborene Großmutter von Ruth Kliefoth aus Kaiserslautern auf den Plan: „Kinner sinn kä Strunzartikel, Kinner sollen Kinner soi!"

Rudolf Walther aus Großkarlbach erzählt: „Vor vielen Jahren äußerte einmal ein nicht in Großkarlbach Geborener, dem die

vermeintliche oder tatsächliche Großmannssucht der Hiesigen auf die Nerven ging, erbost: Großstrunzebach misst's häße, net Großkarlbach!" Oder alternativ: „Die/der is von Strunzenem." Wobei „strunze" laut Hans Estelmann aus Böchingen manchmal auch für streunen stehen kann: „Die (Mäd) war wirrer strunze." Und nicht nur das. Theo Berthold aus Otterstadt hat angemerkt, dass „strunze" in Bayern „urinieren" bedeutet (wofür in der Pfalz und im Elsass übrigens das Wort „brunse" verwendet wird) – was allerdings ein ganz anderes Thema ist.

Doch zurück zur Angeberei: Die Pfälzer wären natürlich keine Pfälzer, wenn es ihnen nicht gelänge, den Spieß elegant umzudrehen. In der Regel könne man auf einen „Strunzer", der laut Joachim Lehmler angibt „wie e Dudd voll Migge" (auch bekannt als „e Dudd voll Naggische"), einen alten Spruch anwenden, sagt Klaus Hollinger: „De Heiler (wer heult, also klagt) hot kä Not un de Strunzer kä Brot." Oder, sagt Rudolf Walther: „Denne, wu strunzen, khert gewwe, un denne, wu greinen, khert genumme." Im Spruch „Mer strunzen net, mer hun (hän/hawwen)" allerdings klingt wieder das satte Selbstbewusstsein des Nicht-Strunzers durch, der damit gerade dadurch doch zum Strunzer wird ...

Dazu passen die vier Zeilen des Mundartdichters Paul Münch, die uns Werner Cornelius aus Ludwigshafen geschickt hat:

„E eenzischer Kanoneschuß
koscht meh wie meiner Fraa ehr Blus,
die wo se uf die feinscht Visit
als azieht fer zu strunze mit."

Da hat selbst „Saach blooß" nichts hinzuzufügen – außer dem Hinweis von Klaus Juner, dass „strunze" aufs mittelhochdeutsche „stranz" für Prahlerei und Hochmut zurückgeht. Und der Anmerkung, dass zumindest letztere Unart auch schon dem von Giovanni Trapattoni gescholtenen Thomas Strunz unterstellt worden ist. Zufall oder doch Buchstabenmagie? Wer weiß ...

Folge 71, erschienen am 7.10. 2005

„De Dalles hawwe“

Pleiten, Pech und Bettpfannen

Von Schnupfen bis Bankrott: Wenn es Pfälzern schlecht geht

Erinnern Sie sich noch? „Schnief, schneuz, hust, rotz, schnaub!“ – Etwa so fing Folge 26 des ersten Bands von „Saach blooß“ an, verfasst eines feuchtkühlen Tages kurz nach den Eisheiligen. Um „de Ruß(er)“ ging es damals, jenes Wort für eine Erkältung, das auf eine Getreide- und Tierkrankheit zurückgeht. „Saach blooß“ hat im Dialog mit den Lesern noch mehr erfahren: zum Beispiel, dass man sich „die Kränk“, „die Freck“, „de Bolleres“ oder „de Bibbser“ auch holen kann, wenn man zu „fligg aagezo(che)“ ist – also zu wenig wärmend gekleidet (siehe Band 1, Folge 19). Und weil uns dieser Tage draußen wieder der kalte Herbstwind um die Ohren weht, wollen wir uns, quasi zur Vorsorge, heute dem „Dalles“ widmen.

„Ich hab gonz schä de Dalles bedeutet: Ich hab 'ne schwere Erkältung“, erklären „die Karin un die Elke vun de Haßlocher Sparkass“ sowie Karin Rödel aus Kandel. „Doi Schwester licht jo schun uff de Nas un hot de Dalles“, ist ein Anwendungsbeispiel von Günter Steck aus Speyer, „Bass uff, dass der net de Dalles holscht“, lautet eines von Hermann Schäfer aus Steinborn. Anni Seither aus Kandel meint: „Bin ganz malad, ich häb de Dalles, muss zum Dokder, dass er mer was verschreibt.“ Ganz besonders denken wir in diesem Moment an Brigitte Nullet aus Schaidt, die für „Saach blooß“ ihre Gesundheit riskiert hat: „Ich hoffe, dass ich mir jetzt nicht de Dalles hol, wenn ich bei dem nebligen Wetter meine Postkarte zum Briefkasten bringe.“ Auf der Karte lesen wir eine Kindheitsepisode, erlebt, als sie im Winter vom Schlittenfahren durchnässt und durchgefroren nach Hause kam. Sie bekam zu hören: „Wann der de Dalles g'holt hasch, kriegsch noch dei Fäng (Prügel) dezu.“ „Saach blooß“ kann Entwarnung geben: Es blieb bei der Drohung.

Der „Dalles“ hat aber auch außermedizinische Bedeutungen: „Jetzt hot moi Brill de Dalles, also uff zum Optiker“, schreibt Inge Schornick aus Ludwigshafen. „Wann mer e neies Gerät kaaft, packt es aus, un es geht net, dann stammt des bestimmt vun de Firma Bruch, Dalles & Co.“, schreibt Rudi Müller aus Neustadt; „(Es) is alles Bruch un Dalles“ kennt auch Doris Rittmann aus Birkenheide. Und: „Ist der Topf zerbrochen, dann hot de Dippe de Dalles“, liefert Hans Buch aus Enkenbach-Alsenborn ein besonders schönes Exempel für pfälzischen Sprachrhythmus und die Lust an der Alliteration (man beachte die fünf „d“). „Jetzt is de Deller runnergefall un hot de Dalles“, schreibt Manfred Borowiak aus Altleiningen und fügt treffend hinzu, „Dalles“ sei „ein weit gefächerter, vielsagender Ausdruck“.

Zurück geht er nämlich nicht auf ein Wort für gesundheitliche, sondern für finanzielle Schwierigkeiten. Es könne auch „Ruin" bedeuten – mit diesem Hinweis brachte uns Jürgen Strebel aus Waldsee auf den Trichter. „Unglück, Pech, Krankheit, Armut, Elend", das alles sind laut Hildegund Scheffel aus Trippstadt Begriffe, für die „Dalles" stehen könne – worauf auch viele weitere Leser hingewiesen haben. Und, siehe da: Der Begriff für Armut oder Bankrott stammt – wie so viele im Pfälzischen erhaltene und von „Saach blooß" bereits behandelte (siehe Seite 16) – aus dem Jiddischen („dalluth"). Das wussten neben einigen anderen Hans Buch, Rosemarie Mathes aus Germersheim, Klaus Juner aus Herschberg, Eugen Rapp aus Winnweiler sowie Marianne Schöndorf und Joachim Lehmler aus Ludwigshafen.

„Saach blooß" war (wieder einmal) perplex und hat deshalb recherchiert, warum gerade in der Pfalz, aber auch in den benachbarten Dialektgebieten, ehemals jiddische Wörter so stark verbreitet sind. Fündig geworden sind wir bei einer wissenschaftlichen Arbeit von Stefan Jacob. Er sagt, das Jiddische habe sich im 13. und 14. Jahrhundert (heute für viele überraschend) im Rheinland entwickelt und sei erst mit der Auswanderung der jüdischen Bevölkerung nach Osteuropa zu weiter Verbreitung gelangt. Was bedeutet: Die Sprache ist ganz in der Nähe der Pfalz entstanden. Und: Die Bezüge im Pfälzischen sind wohl bis zu 800 Jahre alt.

Folge 72, erschienen am 21.10. 2005

Ein Kerl wie ein Baum

Spaltaxt und Damenstrumpf: Der Stoff, aus dem Pfälzer Held(inn)en sind

Wer ist schon aus dem Holz geschnitzt, aus dem man Helden macht? Rudolf Walther aus Großkarlbach wirft diese Frage auf, um zu belegen, dass es nicht ungewöhnlich ist, „wenn Menschen in ihren körperlichen und charakterlichen Merkmalen mit Hölzern verglichen werden“. Kein Wunder also: Fast alle 50 Leser, die uns zu diesem Thema geschrieben haben, wussten: Der „H(o)abuchene“ hat etwas mit der Hainbuche zu tun. Aber ob der Mann deshalb gleich ein Held ist?

Könnte sein: „Mensch Mayer, duscht du bei dere Eiseskält halbnacket uff de Stroß stehe, du bischt halt doch en Haabuchener“, schreibt Anni Seither aus Kandel. „Das macht dämm nix, das esch en Haabuuchener“, sagt Hans Ehrhardt aus Gossersweiler-Stein. „E H(o)aabuchener is änner wo net erumpiinst“, meint Marita Burger aus Kaiserslautern. Und Kurt Scherff aus Mühlheim liefert gar einen Reimspruch: „Haabuche un Stolz is aus äm Holz.“ Wobei nicht jeder Stolze ein Held sein muss, wie „Saach blooß“ sich erlaubt anzumerken.

„Stur wie ein Panzer“, erklärt indes Fritz Wagner aus Kaiserslautern, wie er sich einen „H(o)abuchenen“ vorstellt. „Grob, zäh, derb“, lautet die Beschreibung von Walter Gauweiler aus Neustadt, „unzugänglich, eigenwillig“ die von Renate Süntzenich aus Kaiserslautern. Ruth Spieß aus Kirchheim und Elisabeth Burck aus Maximiliansau kennen die Kombination „Haabuchener Hewwel“ für den Ungehobelten (man beachte den doppelten Holz-Bezug!). Positiver empfindet den „H(o)abuchenen“ Ludwig Hutzelmann aus Schifferstadt: Denn auch „schlagkräftig, widerstandsfähig, standfest“ sei dieser. „Ein harter Kerl, den nichts so leicht umwerfen kann“ sei gemeint, sagen Fridolin Veidt (Nünschweiler) und Dieter Fabian (Ludwigshafen). „Ein Mann im hohen Alter, ohne Krankheit und ohne Gebrechen“, schreibt Ruth Metz aus Hatzenbühl, ein „Urmensch“, meint Inge Linn aus Rödersheim-Gronau.

Der Bezug Mann/Holz ist nicht schwer herzustellen: Ein Dutzend Leser hat uns mit (forst-)wissenschaftlichen Hinweisen zur Hain-, Weiß- oder Hagenbuche versorgt, „carpinus betulus“ auf Lateinisch. Sie sei widerstandsfähig und frosthart, ihr Holz zäh und unverwüstlich, weswegen es „drei Mal warm macht“, so Seppel Zickgraf aus Waldsee: „Beim Sägen, Spalten und Brennen.“ Mit einer Dichte von 0,82 Kilogramm pro Kubikdezimeter ist es laut Leo Dörr aus Schweisweiler eines der härtesten heimischen Hölzer, weshalb es zu schade zum Heizen sei: Es wurde von Waldarbeitern zur Herstellung von äußerst stabilen Holzschlegeln verwendet, mit denen man beim Holzreißen (dem Längsspalten der Stämme) auf Axt und Spaltkeile geschlagen habe, erklärt Kurt Albert aus Wachenheim. Wagner hätten einst Radspeichen aus diesem Holz angefertigt, sagt Gerda Schäfer aus Kerzenheim. Hannelore Leppla aus Schneckenhausen berichtet unterdessen vom Viehabtrieb: „Da hatte man meistens einen h(o)aanbuchene Knewwel (Knüppel) dabei, um einem sturen Ochsen den Weg zum Stalleingang besser klar zu machen."

Es wäre allerdings hanebüchen (um die hochdeutsche Version ins Spiel zu bringen) zu glauben, nur Männer könnten „h(o)abuche" sein. Elsbeth Korz aus Neustadt erinnert sich an die Kriegsjahre und dass sie „unter Tränen, kratzige, derbe – eben haabuchene – Strümpfe tragen musste". Heldenhaft, wie „Saach blooß" anmerkt. Zu Erich Conrad aus Freinsheim kam ein Mann zum Schuhekaufen: „Ich möchte aber keine Hoabuchene", sagte der. Und Fritz Wagner kennt den Spruch: „Hasche wirre die h(o)aabuchene Unnerhose an!"

Haben Sie eigentlich bemerkt, liebe Leserinnen und Leser, wie hartnäckig sich in den Zuschriften diesmal das „(o)" vor dem „a" gehalten hat? Tatsächlich haben erstmals nach 73 Folgen „Saach blooß" die deutschen Buchstaben nicht gereicht: „Du bischt halt e Hâbuchener, met deer kammer jo net redde", schreibt zum Beispiel Walter Gundacker aus Hinterweidenthal. „Hôbuchener" buchstabiert Wolfgang Hubach in einer E-Mail, um die Vokalfärbung zwischen „o" und „a" zu verdeutlichen. Und es geht noch weiter: „Die Dänen haben zu diesem Zweck das ‚å' erfunden", schreibt Matthias Schäfer aus Pirmasens – wobei in der Pfalz örtlich außerdem eine Tendenz zum näselnden „on"möglich ist. „Saach blooß" schlägt vor: Wir üben das am besten gleich mal alle, und zwar vor dem Spiegel.

Folge 73, erschienen am 4.11. 2005

„Grootz“

Verdorben oder in Ehren ergraut?

Die Pfälzer und der Schimmel: Wenn in Keller, Kühlschrank und Eheleben unliebsame Überraschungen lauern

„Grau, teurer Freund, ist alle Theorie“, hält Goethes Mephisto einem Schüler vor, „und grün des Lebens goldner Baum.“ „Saach blooß“ meint: Das klingt zwar gut, doch die Serie über Pfälzer Wörter und Redensarten für alle Lebenslagen weiß: Auch mit grauer Theorie kann man auf einen grünen Zweig kommen. Man muss sich nur mit dem pfälzischen Wort „grootzi(s)ch“ befassen.

Dessen Wortwurzel steht nämlich für die Farbe Grau, wie uns Dutzende Leserinnen und Leser geschrieben haben – zum Beispiel Wiltrud Zell aus Böhl-Iggelheim, Christa Fraatz aus Frankenthal, Caroline Willrich aus dem westpfälzischen Niederkirchen, Jutta Meisinger aus Ramstein und A. E. Farris aus Landau. „Groo ist das pfälzische Wort für grau“, bringt es Erika Schniz aus Kaiserslautern auf den Punkt. Und „grootzisch“ heißt „grauschimmelig“, wie unter anderem Ruth Spieß aus Kirchheim, Walter Schanzenbächer aus Ludwigshafen, Helmut Frühbis aus Neustadt und Renate Süntzenich aus Kaiserslautern schreiben. Womit alle theoretischen Fragen geklärt und die Blicke auf die graue Praxis gelenkt wären:

„Iiiihhh, igitt, des is jo krootzig, mir werd jo grad schlecht, wonn ich des seh!“, nähern sich „die Karin und die Elke vun de Haßlocher Sparkass“ dem Thema von der pathologischen Seite. „Wer zu lang schafft, der ploot (plagt) sich, wann's Brot lang leit, werd's groozich“, erinnert Klaus Juner aus Herschberg an einen alten Reimspruch. „Grooz“ sei die grau-weiße Schimmelschicht auf verdorbenen Lebensmitteln und Flüssigkeiten, hat Hans Magin aus Schifferstadt im „Pfälzischen Wörterbuch“ nachgelesen und ergänzt: „Frieher is als es Gudsel (Alt-Schifferstadterisch

„Hmmmmhhh, grootzisch!"

fer Marmelad) owwe druff groozisch gewässt, wann die Mamme kä Babierle mit Salizil owwe driwwer geleggt hot."

Ludwig Hutzelmann aus Schifferstadt kann von einem Erlebnis seiner Schwägerin berichten, die als Verkäuferin für Käse arbeitete. Ihr sei eines Tages ein Lehramts-Referendar als Praktikant zugewiesen worden, den sie abends mit dem Auftrag bedachte, den Käse wegzuräumen. Als sie am nächsten Morgen beim Einräumen den teuren französischen Roquefort vermisste, habe der angehende Lehrer entgegnet: „Dänn habb isch fortg'schmisse, der war jo schunn ganz kroozisch."

Praktischer veranlagt war der Herr, der auf die Frage „Ei was machschde dann jetzd mit dem ganze Geld?" die Antwort gab:

„In de Keller lee unn alsemol rumschebbe, dass es ned grootzisch werd." Eine Episode, die Rudolf Walther aus Großkarlbach eingeschickt hat, und ein beispielhaft schöner Fall von Bedeutungs-Erweiterung zum Zwecke der Übertreibung. Denn bekanntlich stinkt Geld nicht nur nicht, es verweilt auch nur selten so lange bei einem Besitzer, dass es Schimmel ansetzen könnte („Saach blooß" spricht da aus eigener Erfahrung). „Do mach ich net met, die Sach is mer zu grootzig", liefert Klaus Hollinger aus Spirkelbach ein weiteres Beispiel. Häufiger werden muffige Wohnungen, Keller oder Verliese so bezeichnet. Inge Schornick aus Ludwigshafen denkt mit Schrecken an zwölf Kriegstage und -nächte zurück, die sie in einem „grooziche" Bunker verbracht hat. In der Nordpfalz sei im Übrigen auch „greetzich" im Gebrauch, merken Eugen Rapp aus Winnweiler und Doris Rittmann aus Birkenheide an, Günter Steck und Eleonore Winkler aus Speyer kennen noch „grotzlich" und „gritzisch". Wobei das Hauptwort „Gritzisch" in Speyer auch als Bezeichnung für Küchenabfälle verwendet werde.

Ein weiteres Mal sehen wir übrigens die Theorie bestätigt, dass Pfälzerinnen und Pfälzer Meister darin sind, negative Bedeutungen auf Menschen zu übertragen. „Eine alte grauhaarige Geschäftsfrau (Jungfer) wurde als die Grootzig betitelt – von ebensolchen Männern", schreibt Christl Weber aus Gleiszellen. Und Rudolf Walther nennt als Beispiel: „Wie ich heit Nacht vum Stammdisch kumme bin, war mei Aldi schä grootzisch." Da bei „Saach blooß" aber nicht nur theoretisch, sondern auch praktisch volle Gleichberechtigung herrscht, bekommen Männer ebenso ihr Fett weg: „Witt dänn alte Kerl heirade?!? Der hot jo schunn grooziche Hoor", schreibt Hans Ehrhardt aus Gossersweiler-Stein. „War dein Alte wirrer änner blooße? – Wieso? – A der sieht im G'sicht richtig krootzig aus", schreibt Hans Estelmann aus Böchingen. Sogar Männer in Gruppen können ins Visier genommen werden. Stephan Sonneck aus Weisenheim am Berg: „De Betze hot heit widder grootzisch gschpielt."

Folge 74, erschienen am 25.11.2005

Den Mund zu voll

Wenn Esskultur und Sorgfalt unter Pfälzer Eile leiden

Liegt es an der Hast, der Gier, oder ist es nur Ausdruck begrenzter motorischer Fähigkeiten? Bei „Saach blooß“ geht kaum eine Mittagspause vorbei (kaum ein Frühstück und schon gar kein kalt-warmes Büfett), ohne dass ein Teil der ursprünglich zur Aufnahme vorgesehenen Nahrung ziemlich zentral auf Hemd oder Beinkleid landet, vorzugsweise dem eigenen. Gleiches gilt für Getränke. Wir gestehen daher: Dass „Saach blooß“ mit dem jüngsten Aufruf das Thema „verschnuddeln“ angeschnitten hat, dürfen Sie, liebe Leserinnen und Leser, getrost als Freud'sche Fehlleistung einordnen.

Es bleibt ein Trost: Anderen geht es beim Essen genauso. „Hot's bei Eich heit Spaghetti un Soß gewwe? – Ma sieht's, doi gonzi Krawatt is verschnuddelt“, schreibt Inge Schornick aus Ludwigshafen. Einen Frühstücksrat gibt Wilfried Haas aus Hochstadt: „Du die Zeitung weg, sunschd isse widder ganz verschnuddelt!“ In Enkenbach-Alsenborn klingt das Wort anders, sagt Elisabeth Mechnich, die in Bad Dürkheim lebt: „Wer sich beim Esse de Schnärres (Schnurrbart) verschnurrlt, is e Schnurrlhannes.“ – „Wann ich beim Esse nit so viel geschlawwert hätt, dann wär ich jetzt nit so verschnuddelt“, lautet ein Zitat von Klaus Hollinger aus Spirkelbach. Und: „Mach dei Kaffeetass nit so voll, sunscht verschlabbert dein Kaffee un du verschnuddelscht dei Blus“, meint Ruth Spieß aus Kirchheim. Und Rudolf Walther aus Großkarlbach erzählt: „Überhaupt scheinen bestimmte Nudelsorten geradezu zum Schnudd(e)le prädestiniert zu sein. So nannte der Großvater meiner Frau die Fadennudeln, die man früher gerne als Einlagen für klare Fleischsuppen verwendete, nicht anders als ‚Bardschnuddele'“. Man sehe hier praktisch, wie Loriot grüßt und die Nudel am Kinn klebt.

Es gibt natürlich Strategien, Klecker-Flecken zu vermeiden. Die aus sprachlicher Sicht originellste dürfte sein, sich (so Fridolin Veidt aus Nünschweiler) „en Severlatz" – auch: „e Säwerlätzel odder -lätzje" – umzubinden. Ein Stück Stoff also, das den Sabber auffangen soll. Als Alternative bietet sich an, das Übel bei der Wurzel zu packen: Man sollte sich Zeit nehmen beim Essen. Denn: „Wenn man etwas schnell machen will und es geht daneben, donn hot mer g'schnuddelt", schreiben „die Karin un die Elke vun de Haßlocher Sparkass". „Nur wer schlabbert und auch huddelt, hat bestimmt sich schnell verschnuddelt", reimt Ludwig Hutzelmann aus Schifferstadt. Christl Weber aus Gleiszellen meint dazu: „Verschnuddelt kann jemand sein, der alles hopp, hopp erledigt."

Nanni Graumüller aus Eisenberg führt uns zu der Erkenntnis, dass man nicht nur beim Essen schnuddeln kann, sondern immer dann, wenn man etwas „zwar schnell, aber dadurch nicht immer ordentlich, präzise und gewissenhaft“ ausführt. Ulli Ziegenfuß aus Frankenthal erntete so in der Schule für seinen Aufsatz („in einer Sauklaue geschrieben“) den Tadel: „Des hoscht du awwer ganz schä higeschnuddelt!“ Was ihn zur Erklärung für „schnuddeln“ bringt: etwas schnell, aber ohne Hingabe und mit Gleichgültigkeit machen. Allerdings: Mit „Mach dem Klä ä bißje Wasser ins Wännsche, dann kann's ä bißje schnuddele“ nennt Ulla H. Groél aus Landstuhl ein Beispiel, bei dem durchaus hingebungsvoll geschnuddelt wird.

Vor die Lösung der Frage nach dem Ursprung von „schnuddle“ hat der „Große Geist der Sprachgeschichte“ jedenfalls den Schnupfen gesetzt. „Schnuddel“(spätmittelhochdeutsch: schnodder) bedeutet nichts anderes als „Nasenschleim“, wie unter anderem Walter Gundacker aus Hinterweidenthal beim Blättern im Duden festgestellt hat. „Snoderen“ oder „snodelen“ habe damals „durch die verstopfte Nase atmen oder sprechen bedeutet“, erklärt Klaus Juner aus Herschberg. Über „verhaspeln beim Sprechen“ führt seine Argumentation zum heutigen „schnuddeln“ für „überhastet handeln“. Eine Wort-Verschmelzung mit „sudd(e)le“ (für im Wasser spielen) habe wohl zur heutigen Bedeutung geführt, meint er.

Doch damit der Verschmelzungen nicht genug: Günter Steck aus Speyer verweist auf die Nähe der Worte „schnuddelig“ und „schmuddelig“. Für Rudolf Walther kommt auch das sinnverwandte „Huddeln“ als Geburtshelfer für „schnuddle“ in Frage. Doris Rittmann aus Birkenheide schließlich meint, dass sich „die Pälzer Schnuud“, die Schnute, in dem Wort versteckt. Sie erklärt: „Wer die Schnuud zu voll nemmt, dem laaft's vorne raus.“ Die Kleckerer von „Saach blooß“ werden sich zumindest letzteres Zitat zu Herzen nehmen.

Folge 75, erschienen am 6.1. 2006

„Schlopp“

Wenn sich die Schlinge zuzieht

Fliegen, Fallen, flotte Frisuren: Pfälzer Knotenpunkte

Die Abseitsregel, die Struktur der DNA, Bachs Kunst der Fuge? Alles schnell erklärt. „Saach blooß“ stellt die wirklich schwierigen Fragen, zum Beispiel: „Wie macht man einen Schlopp?“ Und das Beste: Die Leser liefern Antworten. Zum Beispiel Ludwig Hutzelmann aus Schifferstadt: „Man benötigt ein Band, einen Schnürsenkel oder eine Schnur. Zuerst macht man mit beiden Enden einen Überschlag über das Bindegut. Mit dem linken Ende legt man eine Schleife und hält sie mit Daumen und Zeigefinger der linken Hand fest. Das rechte Ende wickelt man um die Daumenkuppe über der Schleife herum. Dadurch entsteht eine Öffnung, durch die man mit dem linken Zeigefinger das rechte Ende des Bandes in der Mitte anfasst und durchschiebt. Es entsteht so eine entgegengesetzte Schleife. Jede Hand fasst nun eine Schleife an und zieht daran so, dass ein Knoten entsteht.“ – Wir üben das jetzt alle mal.

„Ein Seidenband von zehn bis zwölf Zentimetern Breite“ sei, zur Schleife gebunden, Mitte der 1920er Jahre als Haar- oder Kopfschmuck verwendet worden, sagt Anneliese Zinckgraf aus Neustadt und lenkt das Augenmerk von der technischen Umsetzung auf Verwendungsmöglichkeiten für den „Schlopp“. Davon gibt es „en ganze Haufe“, weiß Gudrun Bauer aus Kirchheimbolanden, nämlich „unne, in de Midd un owwe“: zunächst in den Haaren, zum Beispiel „uff em Hahnekamm“, einer früheren Modefrisur, sagt Doris Rittmann aus Birkenheide. Man findet den Schlopp auch körpermittig oberhalb des Gesäßes als „Schleife hinten am Kleid“, so Gisela Schaar aus Ludwigshafen. Auch Eveline Mayer aus Mühlacker schreibt: „En gstärkte Schlopp am Scherzl hott die Mamme ghat.“ Christa Landmesser aus Neustadt schließlich senkt den Blick vollends auf die Schuhe: „Ein Kind ist schulreif, wenn es einen Schlopp machen kann“, sagt sie, und Inge Schornick aus Ludwigshafen erzählt: „Die Dande sacht zum Patekind: Jetzt werd's awwer Zeit, dass de lernschd, än Schlopp zu binne. De Klää mänt: Hoschd dann noch net g'schnalld, dass es Klettverschliss gibt?“

Als vierte Präsentationsmöglichkeit eröffnet sich für den Schlopp – der laut Wilfried Haas aus Hochstadt und Ottilie Rieder aus Deidesheim auch in Verkleinerungsformen wie Schleppche, Schlippsche oder Schleppelsche verbreitet ist – noch der männliche Kragen. „De Schlopp ghert em Bappe, hängt uff'm Hemd un monchmol in de Supp'“, schreibt Eveline Mayer, er stehe für „Schlips, Schleife, Krawatte“, meint Arnold Ganter aus Obersülzen. Dass Pfälzer indes gerne auf diese Manneszier verzichten, zeigt sich im Lied vom „Pälzer Bu“, das Rudolf Walther aus Großkarlbach zitiert: „Kän Kraage und kä Schlepp-

„Mach mer mol de Schlopp zu!“

che an, des is uns viel zu dumm, mer fallen jo de ganze Dach im Schosseegrawe (Straßengraben) rum."

Das Gute an diesem hemdsärmeligen Lebensentwurf: Wer keinen trägt, kann sich nicht „auf den Schlopp getreten fühlen", meint Helmut Heilig aus Grünstadt. Die Fliege wird übrigens auch als „Riwwer-(un-)niwwer-Schlopp" bezeichnet, sagt Klaus Juner aus Herschberg. Er erklärt, wie Joachim Lehmler aus Ludwigshafen und Ottilie Rieder, dass Schlopp von gotisch „sliupan" abstammt – über mittel- und althochdeutsch „slupf" für „Schleife, Schlinge" und „sloufen" für „schieben, schlüpfen".

Übrigens (und was Wunder): „Schleppscher" gab und gibt es auch in der Pfälzer Landwirtschaft: „Wann beim Duwack-Eifasse des Bandlier voll war, isch hinne un vorne an der Gordel jeweils en Schlopp drogemacht worre, damit mer des Bandlier zwische de Dachsparre hott uffhänge kenne", berichtet Hans Herrmann aus Haßloch vom Tabakanbau in der Region. Und gar pfalzweit in die Welt des Verbrechens hat sich das Wort gewagt: Wer mit Schlingen im Wald gewildert (geschlöppelt) hat, war als „Schleppler" gebrandmarkt, schreiben Hans Ehrhardt aus Gossersweiler-Stein, Walter Gundacker aus Hinterweidenthal, Norbert Kästel aus Geinsheim, Klaus Hollinger aus Spirkelbach und Walter Kurz aus Neustadt.

Folge 76, erschienen am 20.1.2006

Die Pfalz im Verborgenen

Was Liebespaare und Erdgänge grabende Tiere gemeinsam haben können

Man könnte meinen, ein „O“ für ein „U“ lässt sich in der Pfalz keiner so leicht vormachen: „Ross“ für „Pferd“ und „Russ'“ für Ex-Sowjetbürger, „blooß“ für „nur“ und „Blus“ für „Damenhemd“, „Schloss“ für „Herrschaftsbau“ und „Schluss“ für „Ende“ – niemand käme auf die Idee, eines dieser Wörter mit dem anderen zu verwechseln oder sie gar auszutauschen. Von „Minimalpaaren“ spricht die Sprachwissenschaft, wenn ein einziger Laut den (oft gewaltigen) Bedeutungsunterschied zwischen zwei oder mehreren sonst lautidentischen Wörtern ausmacht. Das klingt klug, ist es sicher auch. Nur: „Saach blooß“ wäre nicht die Serie für pfälzische Besonderheiten in allen Sprach- und Lebenslagen, wenn unsere Leser nicht auch bei diesem Thema wieder ein Haar in der akademischen Suppe gefunden hätten.

„Bei uns heißt das Ding am Schuh oder an der Schürze Schlupp (Mehrzahl: Schlipp)“, schreibt Peter Körner aus Bad Bergzabern zum vorherigen Kapitel, in dem es um die – in der Regel kunstvoll gebundene – Schleife ging, die für die überwiegende Zahl der Leser auf Pfälzisch „Schlopp“ heißt. Deshalb ist in Folge 76, siehe Seite 78, auch stets vom „Schlopp“ die Rede. Zum Beispiel, frei nach der Zuschrift von Hans Estelmann aus Böchingen: „En Gang wie e Kuh, awwer en Schlopp uff de Schuh.“

Ganz im Süden der Pfalz aber, so hält uns neben Peter Körner auch Christa Landmesser aus Neustadt vor, sei das anders, da werde aus dem „O“ ein „U“. Unterstützung erfahren beide unter anderem von Anneliese Zinckgraf aus Neustadt, die vom Schnürsenkel ebenfalls als „Schlupp“ spricht. Und Heiner Zuber aus Ludwigshafen, der „die Kriegsjahre in Westheim verbracht“ hat, sieht die O-U-Grenzlinie zwar anders verlaufen, sagt aber auch klipp und klar: Das Ding, das im Haar wie am Adventskranz schön aussieht, heißt im Kreis Germersheim „Schlopp“, in Ludwigshafen dagegen „Schlupp“. Wir halten fest: Der Laut-Unterschied macht in diesem Fall keinen Bedeutungsunterschied aus – was durchaus häufiger vorkommt: Es gibt in der Pfalz ja auch klar getrennte Fraktionen von „Nit“-Sagern und „Net“-Sagern, von denen aber alle „nicht“ meinen (wie in Folge 60 dargestellt, siehe Seite 28).

Spannend wird der heutige Fall, weil viele Leser „Schlupp“ auch in einer zweiten Bedeutung kennen. Liesel Drieß aus Hochstadt schreibt, der Schlupp sei „eine heimliche Verbindung, vielleicht zwischen zwei Gärten. Diesen Schlupp verwendet man, um abzukürzen“. Heinz Hener aus Maikammer nennt das Beispiel „Dort hot de Dachs sein Schlupp“, und er erklärt mit dem nächsten Zitat gleich den Ursprung des Begriffs: „De Raiwer hot sein Unnerschlupp im Wald g'hat.“ „Schlupp“ lässt sich in der Pfalz also auch direkt mit „schlüpfen“ in Verbindung bringen. Hans Ehrhardt aus Gossersweiler-Stein erinnert an die noch heute zu findenden engen Fluchten zwischen zwei Häusern auf dem Dorf, wo früher dicht an dicht gebaut wurde. Der „Schlupp“ wurde so immer wieder zum Ausgangspunkt von Gerüchten folgender Art: „Die Zwää hän widder im Schlupp bussiert (vermutlich: geknutscht).“

Ob diese zwei Liebenden als Minimalpaar gelten dürfen, weil sie es schaffen, auf kleinstem Raum Zärtlichkeiten auszutauschen, sei einmal dahingestellt. „Saach blooß“ stellt jedenfalls fest: Die Wörter „Schlopp“ und „Schlupp“, die für viele Pfälzer exakt dasselbe bedeuten, können manchmal – natürlich aus sprachwissenschaftlicher Sicht – durchaus ein Minimalpaar sein: Wenn aus dem kleinen Unterschied zwischen „o“ und „u“ der große zwischen einer gebundenen Schleife und einem verborgenen Schlupfloch wird.

Folge 77, erschienen am 9.2. 2006

„Schees“

Der gelbe Kinderwagen

Frechheiten und Fahrbares: Pfälzer Erinnerungen

Was waren das noch Zeiten, damals, als alles besser war. Oder wenigstens anders. Oder jünger. Schön, wenn man daran erinnert wird. Wie wir drauf kommen? Renate Tettenborn aus Otterstadt hat eine hoch philosophische Erklärung dafür formuliert, dass auf unsere Frage nach der „Schees“ ganz besonders viele Zuschriften eingingen. Sie stößt dabei einen Raum auf, in dem legendäre Sätze wie „We all live in a yellow submarine“ von den Beatles nachzuklingen scheinen: „Mir sin als Kinner all in enere Kinnerschees rumgedrickt worre“, schreibt sie. Da bleibt „Saach blooß“ nur die Frage: Läwe mer nit all in ännere gäl(w)e Kinnerschees?

„Gell, friea hämma unsa Kinna rum gschäist un jetzt schäise ma im Känd sei Känd rum“, das Enkelchen also, bringt Friedrich Rothhaas in reinem Bellheimerisch gar den Kreislauf des Lebens ins Spiel. Und Ilse Gerling aus Ludwigshafen erklärt: „Bei meinen Großeltern, sie waren Bauern in der Vorderpfalz, wurde bei festlichen Anlässen die Schees zum Ausfahren blitzblank geputzt. Diese Kutsche, von zwei Pferden gezogen, war der Stolz der Familie.“

Noch mehrere Dutzend weitere Leser haben hergeleitet, wie „Schees“ aus dem französischen Wort „chaise“ für Stuhl, aber auch für einen zweirädrigen Einspanner, entstanden ist. Die „Schees“, die laut Karin Oberer aus Steinbach und Hildegard Heinze aus Obersülzen in der französischen Zeit der Pfalz „ein leichtes, schnelles Pferdefuhrwerk mit offenen Seiten und klappbarem Verdeck“ war, ist mittlerweile allerdings in den unterschiedlichsten Zusammensetzungen geläufig. Von der „Bobbeschees“, dem Puppenwagen, berichten zum Beispiel Thomas Zech aus Bobenheim-Roxheim, Pia Bockmayer aus Geinsheim,

Anneliese Scherer aus Otterstadt und Annemarie Schusziara aus Neustadt. In ihren Kindertagen habe „Bottschescheesel mache“ (von Französisch „chaise à porteurs“, für „Tragstuhl, Sänfte“) bedeutet, „dass zwei Erwachsene sich bei den Händen hielten und das müde Kind gemeinsam trugen“, erinnert sich Gisela Werst aus Neustadt.

Ebenfalls aus dem Französischen stammt das wunderbare „pfälzische“ Wort Schässlon(g) (von „chaise longue“: langer Stuhl). „Wie bei uns aus Käse Kees werd, werd chaise zu Schees“, bietet Joachim Lehmler aus Ludwigshafen außerdem eine Erklärung für die lautliche Entwicklung im Pfälzischen.

Die „Boddschees“ oder „Feldschees“ als Kleinfuhrwerk kennen Gerlinde Baum aus Schifferstadt und Gisela Keller aus Zweibrücken. „Die Weiwer vun Berghause bei Schbeier sind frieher als mit de Marktscheese uff Schbeier gfahre un hen dort Graud und Riewe, Erdbeere un Milch verkaaft“, schreibt Wilfried Haas aus Hochstadt. Dass das Zugpferd als „Scheesegaul“ bezeichnet wird, liegt auf der Hand. Und „die Karin un die Elke vun de Haßlocher Sparkass“ sowie Oliver Scharffenberger aus Ludwigshafen berichten, die Funken sprühende Straßenbahn werde als „Funkeschees“ bezeichnet.

Mit Blick auf diese vielen fahrbaren Untersätze lässt sich feststellen, dass Pfälzerinnen und Pfälzer im Allgemeinen wohl kaum als antriebsarme Menschen gelten dürfen. Wer allerdings zu dynamisch ist, kann auch in der Pfalz negativ auffallen: „Do heeßt's donn glei: Hot der schunscht nix zu due wie des Kind in de Schees rumzufahre?“, schreiben Anja Kleinhans und ihre Oma Erika Frühauf aus Flomersheim. „Wo bischt dann heit widder rumgscheest?“ wird laut Gisela Keller jemandem vorgehalten, der (oder die) gern von einem Ort zum anderen rennt, um Neuigkeiten zu verbreiten oder zu erfahren. „Wann enni rumgscheest is, war's meischt mit Unruh, aach ä bissel Neigier verbunne unn aach ä bissel Uberechenbarkeit“, meint Wolfgang Wick aus Böbingen. Dass in der Folge die Kombination „aldi Schees“ als Schimpfwort entstanden ist, kommt da nicht überraschend, wenngleich die Bandbreite der Deutungen groß ist:

„Hettschde emol besser net ‚aldi Schees' gesaat."

„Eine ältere, aufgeputzte Frau", meint E. M. Albrecht aus Bellheim; von einer „Lebhaften, Geschwätzigen", schreibt Anneliese Zinckgraf aus Neustadt. Der noch bösartigere Begriff „Robbschees" kann gar – keinesfalls politisch korrekt – sowohl eine in den Augen des Betrachters unattraktive Frau beschreiben als auch (laut Gerlinde Baum zumindest im Raum Pirmasens) ein altes Auto. Als (närrischi) „Halbschees" wiederum wird nach Aussage von Gisela Kahne aus Kaiserslautern eine „leicht hektisch agierende, nervöse Frau" bezeichnet „oder eine, die sich seltsam benimmt, ähnlich wie ein verricktes Hinkel".

Das zeigt: Die Menschen sind nicht immer gerecht. Was auch Günter Steck aus Speyer weiß: „Die Millers Schees – zwei meiner Altersgenossinnen hat dieser Beiname ihr ganzes Leben begleitet, dabei waren sie von Kind an immer alles andere als ä Schees, sondern sportlich agil und von gutem Aussehen." – „De ganze Daach scheest se im Dorf rum. Deet se ehr Ärwitt schaffe, die alt Medulle", liefert Hans Ehrhardt aus Gossersweiler-Stein ein besonders anschauliches Beispiel für „ä aldi Schees". Von damals, als die Zeiten noch anders waren. Oder etwa nicht?

Folge 78, erschienen am 24.2.2006

„Orwese mache“

Pfälzer geben sich den Rest

Drohungen bei Tisch und andere schreckliche Geschichten

Hat man Sie, liebe Leserinnen und Leser, schon mal aufgefordert, „blooß kä Orwesse zu mache“, wie Kunigunde Panetzky aus Altenglan-Patersbach es formuliert? Wahrscheinlich nicht. Die Resonanz zeigt nämlich, dass nur noch wenige diesen Begriff kennen, bei dem es um Reste auf dem Teller geht. Und das ist gut so, meint „Saach blooß“. Denn in Ausnahmefällen macht es gar nichts, wenn ein Spruch aus dem Sprachgebrauch verschwindet.

Das Ernährungsberatungsteam von „Saach blooß“ hat recherchiert: Es gibt zwei Lehrmeinungen zu der Frage, ob nach dem Essen der Teller leer zu sein hat oder nicht (siehe auch Seite 19, „schnäge“). Die erste besagt: Gegessen wird, was auf den Tisch kommt, und aufgestanden wird erst, wenn die Platte nicht nur sauber, sondern rein ist. Vertreter der zweiten Auffassung gehen dagegen von Folgendem aus: Wenn ein Kind nicht mit dem Essen aufhören darf, wenn es satt ist, wird es später mit höherer Wahrscheinlichkeit dick. Und zwar deshalb, weil das Gehirn für die Zukunft einen falschen Sollwert für das Körperfett speichert.

Die Körperfett-Theorie hat zwar den unübersehbaren Haken, dass auch derjenige ausladende Körperformen annehmen kann, der am Tisch früher zu nichts gezwungen wurde (wir erleben das derzeit in einem langjährigen Selbstversuch), sie ist aber dennoch sympathischer als die der Tellerleeresser. Aus deren Geiste ist nämlich die schreckliche Geschichte vom Suppenkasper erwachsen. Der stirbt bekanntlich zum Grauen aller Kinder, die das Buch lesen müssen, nach fünf Tagen des Fastens als „dünner Faden“. Und zwar, wie der Autor und Zeichner uns vorhält, als gerechte Strafe für sein störrisches „Nein, meine Suppe ess' ich nicht!“ In genau dasselbe Bild passt es, wenn Klaus Hollinger aus Spirkelbach sich erinnert, dass man Kindern früher gedroht habe: „Wenn dei Deller nit leer escht und Awese machscht, dann bringt deer es Chrischtkinnel nix!“

Um erbosten Zuschriften aus den Lagern sämtlicher in diesem Text bislang nicht berücksichtigter Ernährungs- und Erziehungsexperten vorzubeugen: Man darf natürlich die Forderung, den Teller leer zu essen, nicht vollends verdammen. Karin Oberer aus Steinbach zum Beispiel schreibt: „Es wärre kä Orwesse gemach!“ habe es für sie immer dann geheißen, wenn sie schon beim Hauptgericht nach der Nachspeise geschielt habe (was nicht in Ordnung ist, wie die Kostverächter von „Saach blooß“ meinen). Auch gibt es Fälle, in denen jemand zu Recht moniert, wenn beim Tischnachbarn „die Aache mol widder greeßer wie de Maache waren“. Soll heißen: Nimm dir nicht gleich vier Dampfnudeln, sondern erst mal zwei. Die anderen lösen sich schon nicht in Luft auf. Es sei denn, du hast die falschen Gäste eingeladen. Dann hast du Pech gehabt.

An wesentlich grundlegendere Probleme fühlt sich beim heutigen Thema Arnold Ganter aus Obersülzen erinnert: „Orwese hat's bei uns nie gebb, mer han de Deller immer leer gess, schun wä'm Hunger in de arm Zeit.“ Sei tatsächlich was im Kochtopf übrig geblieben, „wurden die Orwese am nächsten Tag aufgewärmt“.

Auffällig: Den Begriff „Orwese“ gibt und gab es anscheinend nur in Teilen der Westpfalz und in der Saarpfalz; bei ihren Großeltern in Oberbexbach zum Beispiel, wie Ursula Verlato aus Kaiserslautern schreibt. Auch Klaus Juner aus Herschberg (Zitat: „Met deine Orwesse könnt ma e Wutz fett mache!“) grenzt das Wort regional so ein. Er, Kunigunde Panetzky sowie Adolf Schupfer aus Pirmasens kennen „Orwesse“ außerdem als „Orbesse“ oder „Orb(is)se“.

Übrigens: Adolf Schupfer hatte das Wort in einer Zuschrift im März 2002, beim allerersten „Saach blooß“-Aufruf, vorgeschlagen (Geduld mit uns zahlt sich aus). Klaus Juner vermutet, dass es aus dem mittelhochdeutschen „erbizen“ entstanden ist, das

„Es wärren kä Orwesse gemacht!“

einst „zerbeißen, verzehren“ bedeutet habe. Gerhard Gerlinger aus Pforzheim wiederum liefert die Erklärung, „Orwesse“ könne doch schlicht eine Verdichtung von „Übrig-Essen“ sein. „Über“, übersetzt mit „als Rest geblieben“, sei ja immerhin bereits seit mittelhochdeutscher Zeit gebräuchlich. Und er fügt hinzu: „Der im amerikanisch-englischen Sprachraum häufig gebrauchte Ausdruck ‚left-overs‘ für Speisereste, die am folgenden Tag wieder auf den Tisch kommen, stützt meine These.“

Folge 79, erschienen am 10.3. 2006

Wenn die Welt wankt

Drehwurm, Verwirrung und Schwips gefährden die Pfälzer Standfestigkeit

Nähern wir uns unserem Thema mal aus der Praxis. Wenn Petra Schneiders Oma Liese selig „mit'm Rad vun Friesm noch Obbaa gfahre is und hot bei de Else ä Glas Bowle gedrunke, war's re ganz dormlisch“. Tino Ehrhart aus Dahn „werd's immer ganz dermlich, wenn enner in die Bäggerei Brötchen verlangt anschdats, wie es sich fer en Pälzer k'eert, sei Weck“. Und Barbara Schneider aus Berg schreibt: „Wenn ich friejer an de Kerwe Kettebambel (Karussell) g'fahre bin, isch mer's immer dormelich worre.“ Wir stellen fest: Dorm- oder derm(e)li(s)ch steht im Pfälzischen für das hochdeutsche „schwindelig“ – und zwar in seiner ganzen Bedeutungsbreite.

Zum einen, wenn etwas ganz konkret ins Wanken gerät – zum Beispiel Oma Liese nach der Bowle. „Der laafd heit so dormlich, wie wann er en Schdurre (einen sitzen) het“, lautet ein Zitat von Wilfried Haas aus Hochstadt, stellvertretend für viele Einsendungen, in denen es um Pfälzerinnen und Pfälzer in alkoholbedingter Schräglage geht. Allen Betroffenen gibt „Saach blooß“ eine Weisheit von Joachim Lehmler aus Ludwigshafen mit auf den Weg: „Du muscht uubedingt uffheere zu trinke, du siehscht schunn ganz verschwumme aus ...“

Wenn Liesel Drieß aus Hochstadt schreibt, „dormlich“ sei aus dem Pfälzer Sprachgebrauch nicht wegzudenken, deutet sich allerdings an, dass der Abstinenzler-Tipp ungehört verhallen dürfte. Es müssen ohnehin nicht immer die Getränke sein, die für den „Dormel“ sorgen: Karl Bergner aus Wachenheim reimt: „Hoscht zu viel Esse in deim Ranze, werscht dormlich beim Walzerdanze.“

Aber nicht nur Bier und Wein und zu viel Essen, sondern auch seelische Erregung oder ein schwacher Kreislauf können einen Taumel auslösen, meint Doris Rittmann aus Birkenheide. Zu viele Worte können die Welt ebenfalls ins Wanken bringen, wie die Redewendung „Der hot mich ganz dormelich gebabbelt“ von Ludwig Hutzelmann aus Schifferstadt und Ilse Benzing aus Speyer belegt. Und wer bei so viel Gebabbel die Ohren auf Durchzug stellt, kann zur Strafe den Spruch „Du Dormel, haschde wirre net zugehört“ ernten, den Kurt Close aus Otterberg eingesandt hat.

„Dormel“ oder „Dermel“ als Haupt- und Schimpfwort wiederum ist auch in der Form „Dormelkopp“ bekannt, und zwar als Bezeichnung für ein „ungezogenes Kind“ (sagt Johanna Kripp aus Ludwigshafen) oder einen „Schwächling“ (sagt Heinz Wolfert aus Beindersheim). „Du alder Dermel, loss dei Finger bei deer“, weist Martin Pfeiffer aus Blaubach auf einen weiteren möglichen Charakterfehler des „Dormel“ hin, der laut Erwin Spielberger aus Hauenstein übrigens auch schlicht „dabbich“ sein kann. Als Zusammensetzung kennen Fritz Wagner aus Erlenbach, Klaus Hollinger aus Spirkelbach und Walter Gundacker aus Hinterweidenthal noch den Begriff „Brotdormel“, der ausdrückt, „dass jemandem vor Hunger übel ist“.

Elke Plass-Mackensen aus Niederkirchen wirft als Erklärung für den Ursprung des Worts das lateinische „torculum“ für „Presse, Kelter“ in die Diskussion, das sich in „torkeln“ bis heute erhalten hat. Die Mehrzahl der Leser vermutet allerdings anderes. „Ich glaab jo, des hot was middem hochdeutsche Taumeln zu due“, sagt Rüdiger Knoll aus Herxheim, der damit viele Mitstreiter unter den „Saach blooß“-Lesern hat. „Das Wort dormelich kommt nach meiner Überzeugung aus dem Französischen“, schreiben andererseits unter anderem Gisela Keller aus Zweibrücken und Werner Grill aus Bad Bergzabern, die auf das Wort „dormir“ für „schlafen“ verweisen – was erklären würde, warum ein schlaftrunkener Pfälzer beispielsweise seine Morgentoilette „im Dormel“ erledigt.

Erstaun- wie erfreulicherweise stimmen vermutlich beide Erklärungen. Denn „taumeln“ ist aus dem mittelalterlichen Wort

„türmeln“ entstanden, das seinerseits wohl auf das lateinische „dormire“ zurückgeht, wie Klaus Juner aus Herschberg schreibt. Und wie schön: Beides zusammen findet sich im Wort „Dachdirmel“, das Walter Gundacker aus dem elsässischen Lembach kennt. Es sei nämlich nicht klar, „ob der Schlafwandler gemeint oder jemand, der auf dem Dach nicht arbeiten kann, weil ihm schwindelig wird“.

Folge 80, erschienen am 30.3. 2006

Pfälzer Umwege

Aus Versehen um die Welt

Wenn Pfälzer unnötige Kilometer zurücklegen
und Sarkasmus ernten

Liebe Chefredaktion, nicht weiterlesen. „Saach blooß" hat in den vergangenen beiden Monaten den Dienstreiseetat um 183.760 Prozent überschritten. Denn wir mussten für dieses Kapitel auf ebenso ungezählten wie mühevollen Touren testen, welche Umwege Pfälzer so machen, wenn sie „mit de Kerch ums Dorf fahren", wie nicht nur Liesel Drieß aus Hochstadt das nennt. Kein Zweifel: Wir haben für das Geld was gesehen von der Welt.

„Ma kann jo a iwwer Paris fahre" (496 Kilometer), sagt man zum Beispiel laut Ottilie Rieder aus Deidesheim im Scherz oder noch besser mit sarkastischem Unterton, wenn jemand eine besonders umständliche Route gewählt hat. Oder: „Fahr na weita so, wonn de in Marseille an de Kaimauer onkummscht (894 Kilometer), konnscht mich wecke."

Beliebter sind allerdings Reihungen von drei Orten, von denen mindestens zwei sehr weit auseinanderliegen. Die Tour „Rom – Neapel – Madrid" (2392 Kilometer) zum Beispiel. Wie viele Wege tatsächlich in die Heilige Stadt führen, belegen die Varianten „Der is gfahre Maade (St. Martin) – Mailand – Rom" (1153 Kilometer), die Ludwig Anton aus Neustadt eingeschickt hat, und „Rom – Kusel – Oppau" (1327 Kilometer) von Joachim Lehmler aus Ludwigshafen. Die westpfälzisch-österreichische Tour „Knopp – Schopp – Tirol" (vermeintlich 399 Kilometer bis Grenzübergang Reutte) ist zwar weniger sakral, dafür aber spesentechnisch günstig, weil Knopp und Schopp nur 22 Kilometer von einander entfernt sind, vor allem aber, weil mit Tirol nicht das österreichische Bundesland gemeint ist, sondern der Pirmasenser Vorort Fehrbach, der im Volksmund so genannt wird, weil viele seiner Bewohner von eingewanderten Tirolern abstammen. Das berichten Erich Kolbenschlag aus Pirmasens und Martha Sebald aus Rieschweiler-Mühlbach (Gesamtstrecke ergo: nur 46 Kilometer). Dass die Orte sich teilweise reimen (und außerdem Maade – Mailand eine Alliteration ist), dokumentiert ohnehin nicht nur die unbändige Reiselust der Pfälzer, sondern auch deren Sprachgefühl.

Rosemarie Mathes aus Germersheim berichtet, in der Südpfalz heiße der Spruch „Sunnre (Sonderheim) – Herdt (Hördt) – Amerika“ (echt pfälzisch eigentlich: Ameriga, Fahrstrecke Luftlinie etwa 6200 Kilometer bis Ortseingang New York). Und zwar immer dann, wenn ein Auto- oder sonstiger Fahrer das Motto verfolgt: „Warum dann äfach, wann's ach umständlich geht.“ Dazu sagt Klaus Hollinger aus Spirkelbach: „Wann demm de Sprit nit ausgang wär unn es wär keen Wasser dezwische, do wär der iwwer Ameriga no Laudre gefahr“ (etwa 6150 Kilometer einfach – beziehungsweise 21 Kilometer bis zur Air Base Ramstein).

Nicht nur um Reisen, sondern auch um Umschweife im Allgemeinen geht es im Spruch von Hans Estelmann aus Böchingen: „Vunn Krefeld uff Stäfeld (Steinfeld) nunner uff Häfeld“ (Hainfeld – insgesamt 379 Kilometer) – „der hott en Macke und kummt vunn Kuchebacke uff Arschbacke.“ (Entfernung nicht messbar)

Die strapaziöse Fernreise „Lingefeld – Medersche (Mechtersheim) – Shanghai“ (8830 Kilometer) ist wiederum in der Südpfalz bekannt. Problemlos in einem Tag zu absolvieren ist dagegen die Baden-Benelux-Variante, die unter anderem Wolfgang Breyer aus Frankenthal und Bertram Steinbacher eingesandt haben. Sie lautet „Ketsch – Brühl – Antwerpen“ (444 Kilometer) und wird manchmal zur endgültigen geografischen Verwirrung ergänzt um „Venningen – Aglasterhausen“ (weitere 92,4 Kilometer, inklusive Spaziergang im Odenwald).

Ein heißes Pflaster war für „Saach blooß“ die Überprüfung eines saarländischen Spruchs. Im Nachbarbundesland heißt es nämlich dreifach alliterativ und brandgefährlich: „Bous, Be-

rus, Bagdad“ (3460 Kilometer). In die Wüste geschickt hat uns aber auch Sandra Schwab aus Ludwigshafen: „Warschde mol widder uffm Fischmarkt in Timbuktu?“ (3830 Kilometer), diese Frage kennt sie als Vorwurf an jemanden, der besonders lange gebraucht hat, bis er am Ziel angekommen war. Ebenfalls exotisch und nicht zwingend zur Nachahmung empfohlen: Wer wie Joachim Lehmler die richtige Route zwar kennt, aber doch lieber verbotene Schleichwege fährt, kann den „Ho-Chi-Minh-Pfad“ nehmen (Ludwigshafen – Ho-Chi-Minh-Stadt: 9696 Kilometer).

Was die Spesen angeht absolut kostenneutral ist dagegen der Umweg, den uns Inge Schornick aus Ludwigshafen schildert und mit dem die Handlungsweise eines Umstandskrämers verdeutlicht werde: „Jetzt geh ich naus, bevor ich wieder roikumm." Wundert es da noch jemanden, wenn „Saach blooß" jetzt erst mal Urlaub auf der heimischen Couch macht (0 Kilometer)? Der Herr über den Spesenetat wird's uns danken.

Folge 81, erschienen am 13.4. 2006

„Fuddler“

Die Tragik des Künstlers

Geliebt und geschmäht: Trickser und Filigran-Techniker

Die Grenze zwischen Genie und Wahnsinn ist fließend. Und es braucht nur ein klein wenig zu viel des Guten, um kultische Verehrung in nackte Ablehnung umschlagen zu lassen. Nehmen wir zum Beispiel einmal den „Fuddler“.

„Bei uns im Fußballveroin in Duddehofe, do war en Fuddler äner, wo all die onnere noch Strich un Faade ausgschpielt hot. Der konn jo uffm Bierdeggel de Balle so gschiggt fiehre, dass känner dro kummt“, schreibt Peter Keller, der jetzt in Landau lebt. Auch für Ulli Ziegenfuß aus Frankenthal und Rainer Winkler aus Ludwigshafen ist der „Fuddler“ ein erfolgreicher Ballkünstler. Joachim Lehmler aus Ludwigshafen erzählt eine Anekdote über „die Wertschätzung und Bedeutung eines perfekten Fuddlers“, wie der frühere Schalker Fußballer „Stan“ Libuda (1943-1996) einer gewesen sei: Auf einem religiösen Transparent mit der Aufschrift „An Jesus kommt keiner vorbei“ habe jemand zwei Worte ergänzt: „Außer Libuda“.

So schön diese Geschichten sind, sie treffen den Kern nur halb. Denn einen perfekten „Fuddler“ gibt es nur ganz selten, wie Joachim Lehmler selbst sagt: Ein „Fuddler“ sei letztlich einer, „der sich durch zwä bis drei Gegner durchworschdle will un dann meischdens beim vierte hängebleibt“. Mit der Folge, dass meist nicht das Genie in der Erinnerung haften bleibt, sondern der Wahnsinn. „Der hot schunn widder viel zu viel gfuddelt“, heißt es, wenn jemand eigensinnig dribbelt und den Ball verliert, wie Andreas Campregher aus Bobenheim-Roxheim schreibt. Kurt Scherff aus Obrigheim-Mühlheim bringt das gar zu der drastischen Erkenntnis: „Ein Fuddler ist derjenige, der alles, was er macht, verkehrt macht.“ Bertram Steinbacher aus Lingenfeld federt diese harsche Kritik wieder etwas ab, indem

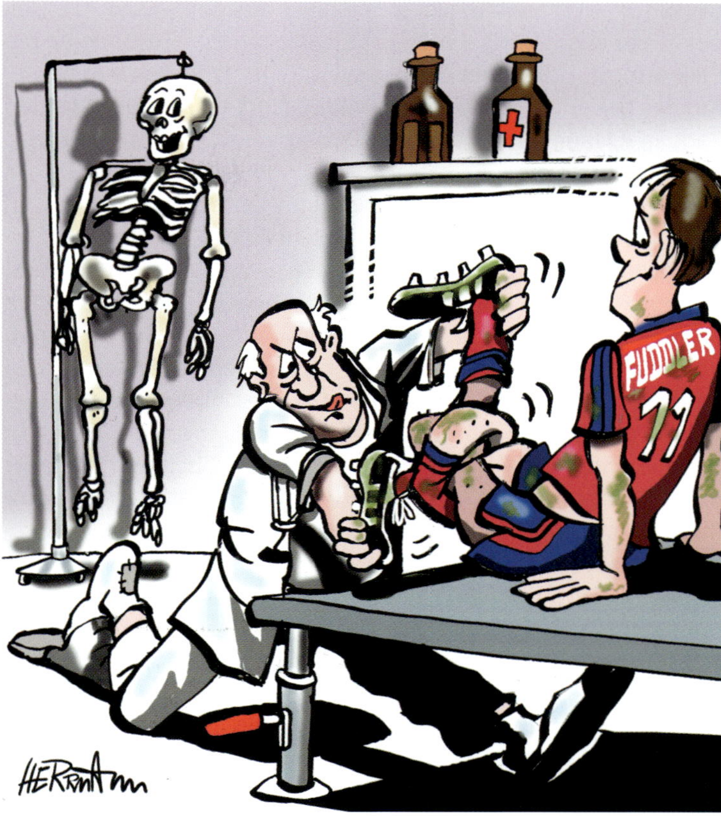

er auf eine unverkennbare (aber oft verkannte) Stärke des „Fuddlers“ hinweist: Er sei einer, „der net immer durchkummt, (es) awwer immer wieder prowiert“.

Auch im nicht fußballdominierten pfälzischen Alltag hat das „Fuddeln“ seinen Platz gefunden: als Begriff für eine eher unangenehme oder nervende Beschäftigung. „Haben Sie schon einmal acht bis zehn Millimeter große Pflänzchen pikiert?“, fragt Rosemarie Mathes aus Germersheim, „dann wissen Sie, was eine Fuddlerei oder ein Gfuddel ist.“ „Mein Mann fuddelt widder an seim Motorrad rum“ und „Was fuddelscht dann an meim

BH rum?“ sind anschauliche Beispiele aus dem Alltag, die Heiner Zuber aus Ludwigshafen eingeschickt hat. „Die Karin un die Elke vun de Haßlocher Sparkass“ meinen: „Ebbes zusammefuddle“ bedeutet „ebbes zusammebaschdle“, zum Beispiel „en Fade in e Nadelöhr eufuddle. Un wonn's net geht, do kriegschd die Geesegichte.“

Und, Achtung, liebe Leserinnen und Leser: „Fuddeln“ kann sogar gefährlich werden, wie Edda Schellings Zuschrift aus Limburgerhof beweist: „Fuddel mir net so on de Stromleitung rum, du kennscht dich doch net aus.“ Was wiederum belegt, dass „Fuddler“ in der Pfalz in der Regel kein Wort ist, mit dem man ein Genie beschreiben würde. Geht man nach der Erklärung des Wort-Ursprungs, die Klaus Juner aus Herschberg liefert, („fuddeln“ von französisch „faute“ für Fehler, Versehen, Schuld), dann könnte der „Fuddler“ vielmehr gar ein Trickser, Täuscher oder Schummler sein. Eben ein Mensch, der seine Schwächen durch „nicht ganz illegales Betrügen“ wettmacht – indem er etwas probiert (oder tut), was er nicht richtig kann. Wahnsinn. Oder vielleicht doch eher Alltagsroutine? Wir sagen dazu jetzt mal nichts mehr.

Folge 82, erschienen am 5.5. 2006

Mit Gott im Bunde?

Wenn Pfälzer sich besser (und andere schlechter) machen, als sie sind

Was wäre, wenn Gott heute noch zu den Menschen spräche, so, wie es in der Bibel beschrieben ist? Nein, liebe Leser und Leserinnen, Sie sind nicht beim „Wort zum Sonntag“ gelandet, sondern wirklich nur bei „Saach blooß“, der Serie über pfälzische Sprüche und Begriffe für alle Lebenslagen. Dass wir uns heute allerdings einer Frage zuwenden, die sonst Theologen und Philosophen beschäftigt, liegt an der wohl seltsamsten pfälzischen Redewendung, der wir auf unserer Reise in die verborgenen Winkel der pfälzischen Sprache bislang begegnet sind: „als (wie) goddersprich (oder: goddessprich)“.

Bevor wir uns Gott zuwenden, der da möglicherweise die Stimme erhebt, wollen wir erst mal ein paar Anwendungsbeispiele unserer Leser liefern: „Die is widder uffgetakelt unn duht als goddersprich wie reich se wär, debei hot se schunn zwää Monat kää Miete meh' bezahle känne“, schreibt Ludwig Hutzelmann aus Schifferstadt. „D'Bänzekattl (die Katharina Benz) hot uulengscht sou durch d'Blum geredd, wie goddersprich ich weer de Vadder vunn de Hahnejulche (Julia Hahn) ehrm Kinnl“, schreibt Hans Ehrhardt aus Gossersweiler-Stein. Rudolf Walther aus Großkarlbach hat den Spruch eingeschickt: „Wie die Aerwed g'schafft war, hot de Karl sich ball iwwerschla als goddes-sprich er hett alles allä gemacht und kän annere hett ebbes geda(o).“ Und Hans Estelmann aus Böchingen liefert das Beispiel: „Neilich war ich beim Dokter wäche meim Kreiz, der hot mich ahgeguckt als goddersprich ich det Schikane mache.“

Rudolf Walther erklärt: Der Einschub „als goddersprich“ wird, wenn der Sprecher ihn gezielt und nicht nur als Floskel einsetzt, dazu gebraucht, „um die Handlung oder Rede eines meist nicht

persönlich anwesenden Dritten als übertrieben, wenig überzeugend oder gar unglaubwürdig zu charakterisieren". Benno Rahm aus Kaiserslautern spricht von einem Hinweis „auf etwas leicht Unglaubwürdiges, wobei der Redner das Gesagte rüberbringt, als wäre es so wahr wie Gottes Sprüche". Walter Gundacker aus Hinterweidenthal übersetzt den Spruch dementsprechend fast wörtlich: „So Gott, er spricht." Rudolf Walther ist der Meinung, dass mit der Wendung ironisch Bezug genommen werde auf in der Kirche verkündete „Gottes-Sprüche". Deren absolute Gültigkeit diene als Vorlage für die Bewertung eines Menschen, der sich selbst in Wort und Tat absolut setzt. Mit der Folge, dass derjenige, welcher „als Gott spricht", „natürlich zutiefst das Misstrauen und die Ablehnung des Pfälzers weckt".

Da passt ins Bild, dass auch Kurt Scherff aus Obrigheim-Mühlheim einen Angeber oder Sprücheklopfer hinter einem Menschen ausmacht, „der ment, als goddessprich, er wär unfehlbar". Scherff nennt den sinnverwandten Spruch: „Der macht (oder määnt) e Wunner (oder wunnerscht), wer er is." Für Anni Seither aus Kandel kann eine Person, „die macht als goddersprich", auch schlicht ein Heuchler sein: „Vor de Leit dud der schä redde, goddersprich, isch alles in beschder Ordnung", aber „hinnerum schelt der wie en Rohrspatz und macht em schlecht bei de Leit, der Schode." Fakt ist: Ein Sympathiepreis ist mit dem Spruch nicht zu gewinnen.

Die Einsendungen unserer Leser belegen, dass mindestens im Hinterkopf derjenigen, die „goddersprich" verwenden, tatsächlich Bezug genommen wird auf „Gott, der spricht". Fraglich ist aber, ob das Wort „Gott" wirklich bei der Entstehung der Wendung Pate gestanden hat, wie Manfred Bauer aus Ludwigshafen glaubt, der schreibt: „Ich meine, der Spruch ist vom religiösen in den profanen Dialektbereich übergewechselt." Klaus Juner aus Herschberg stellt fest, der Spruch „hat natürlich nichts mit Gott zu tun", sondern sei eine Zusammensetzung aus den mittelhochdeutschen Wörtern „gout" (gut, passend, richtig) und „sprich" (Sprüche): also „gouter sprich" gleich „gut gesprochen" oder „besser gesagt". Sein Beispiel: „Ich fühl" mich nach der Feier gestern Abend noch etwas unwohl" – „Goddersprich, er hat noch e besoffener Kopp."

Folge 83, erschienen am 26.5. 2006

„Labbeduddel“

Nichts zu melden

Ein Leben unterm Küchentisch: Der Pfälzer Pantoffelheld

Es gibt Wörter, die zart auf der Zunge zergehen, und andere, die gehen eher als eine oralgymnastische Übung durch denn als Mittel der Verständigung. Der „Labbeduddel“ zum Beispiel gehört eindeutig zur anstrengenden Kategorie. Und das, obwohl das Wort einen Menschen beschreibt, „der die Arbeit nicht erfunden hat“, wie Liesel Drieß aus Hochstadt es formuliert. Einzige Erklärung: Er wird sich wohl selbst nie so bezeichnen.

Wenn der „Labbeduddel“ denn überhaupt irgendetwas sagt oder tut. Er ist laut Ludwig Hutzelmann aus Schifferstadt nämlich so ungeschickt, dass man ihm keine Aufgabe übertragen kann, sei sie auch noch so einfach: „Den Labbeduddel kann mer nix häße, der is so dabbisch fer änn Eemer Wasser umzuschmeiße.“ Sandra Betsch aus Germersheim hat das Zitat geliefert: „Du Labbeduddel, siehschd net, dass des verkehrt isch!“

Doch Achtung vor schnellen Schlüssen! Wäre das Objekt unserer heutigen Betrachtung nur einfältig und hätte zwei linke Hände, dann könnte es in der Pfalz auch einfach als „Dollbohrer“ bezeichnet werden (siehe Folge 11 im ersten Band: Saach blooß, 2006). „Die Karin un die Elke vun de Haßlocher Sparkass“ machen dagegen deutlich: „En Labbeduddel is e äfeldiche Person, die nix zu melde hot, die ken Mumm in de Knoche hot, auch Hannebambel genannt.“ Rosemarie Mathes aus Germersheim bezeichnet den „Labbeduddel“ ohne Umschweife als „labilen Mann ohne Rückgrat, ohne eigenen Standpunkt“. Noch härter geht Kurt Scherff aus Obrigheim mit ihm ins Gericht: „Ein Labbeduddel ist, bildlich gesprochen, kleiner als eine Ameise, fürchtet Frau und Schwiegermutter, und sein Zufluchtsort ist unterm Küchentisch.“ Oha.

Joachim Lehmler aus Ludwigshafen und Peter Keller aus Du-

denhofen fanden heraus, dass der Begriff „Labbeduddel“ nicht nur in der Pfalz, sondern noch häufiger in Hessen verwendet wird – womit (vermutlich) nichts Nachteiliges über die Menschen der nordöstlichen Nachbarregion gesagt sein soll. Wenn Joachim Lehmler allerdings glaubt, dass es für den „Labbeduddel“ keine weibliche Entsprechung gebe („So leid es mir übrigens für die emanzipierte Frau von heute tut“), belehrt ihn Gisela Keller aus Zweibrücken eines Besseren: „Sein weibliches Gegenstück ist die Tranfunzel: Kumm ich heit net, kumm ich morsche.“

Mehrere Leser haben auf der Suche nach dem Ursprung des Worts den Bezug von „Labbel“ zu „labil“ – von spätlateinisch „labilis“ – hergestellt. Klaus Juner aus Herschberg vermutet dagegen, dass „Labbeduddel“ aus dem Mittelhochdeutschen entstanden ist: aus „lappe, lapp“ für „einfältiger Mensch, Laffe“ und „doln“ für „dulden, ertragen“ oder „dolt“, was „das Ertragen eines Leids“ bedeutet. Diese Wortwurzeltheorie passt gut zur Schilderung der Leiden eines „Labbeduddels“ von Maria Burkart aus Enkenbach-Alsenborn: Er sei nämlich ein Geschundener, „wo sich dehäm net ausruhe derf, dann saat sei Fraa glei: Geh e naus unn kehr e bißche vorm Haus“. „Saach blooß“ meint: der arme Kerl.

Nachtrag: Nach Erscheinen des Beitrags ging folgender Hinweis von Manfred Bauer aus Ludwigshafen in der Redaktion ein: „Man darf die Anzahl der genial verpfälzerten französischen Ausdrücke keineswegs unterschätzen und immer nur in den allen Leuten wohlbekannten Bottschamber (Nachttopf) schauen. Der von Ihnen vor Wochen zum sprachlichen Zielobjekt freigegebene Labbeduddel hat keinen zählbaren Treffer erhalten, weil niemand vermutete, dass eine solche Flasche etwas mit der Grande Nation zu tun haben könnte. In ihm steckt aber zweifelsfrei ‚le lapin‘, der pfälzische Labbäh oder der fabelhafte deutsche Meister Lampe. Und das ist er auch, der Labbeduddel, und nichts anderes – ein Angsthase oder Hasenfuß. Dies nur zur Vervollständigung Ihrer Dialekt-Akten.“

Hiermit geschehen.

Folge 84, erschienen am 9.6. 2006

Damals, als nur die Wäsche online war

„Hoscht schunn geheert?“ –
Pfälzerinnen und ihr Streben nach kommunikativem Freiraum

Es war einmal, vor langer Zeit, „da gab es weder Radio, noch Film, noch Fernsehen, noch Handy“, erzählt Klaus Juner aus Herschberg. Soziale Kontakte wurden damals ganz anders gepflegt als heute. Es gab Häuser, wo man sich traf, „genüsslich tratschte, über die Nachbarn lästerte“ und wo sich manchmal sogar zwischenmenschliche Beziehungen anbahnten. Damals „is online hegschdens die Wesch zum Driggle uffghängt worre, odder ma hot de Hund Gassi gfiert“, spannt Joachim Lehmler aus Ludwigshafen den Märchenbogen weiter. Damals ist man in der Pfalz noch „maje“ gegangen.

Es waren jene lang vergangenen Tage, als „die Leine noch net hääß waren“. Auch „Saach blooß“, die Hotline für alle Fragen rund um die Pfälzer Sprache, denkt mit Wehmut zurück an damals, als es „Saach blooß“ noch gar nicht gab. ... Hä? ... Stopp! ... Jetzt lassen wir es mal gut sein mit der Nostalgie. Obwohl einen der Gedanke schon mit Wehmut erfüllt, dass die Menschen einst vornehmlich Auge in Auge miteinander in Kontakt getreten sind.

„Die war ins Meiers (nicht: bei Meiers!) maje“, hieß oder heißt es zum Beispiel in Katzenbach, wenn die Rede ist von einer Klatschbase, die bei Frau Meier ausgiebig Dorftratsch erörtert hat. „Damals“, berichtet Ruth Strauch aus Zweibrücken, „setzte man sich am Abend, wenn die Arwet geschafft war, gern mit em Strickzeich zu de Nochbersch uff die Bank am Haus oder im Hof, um noch e Schwätzje se halde.“ Auch die Mutter von Kurt Scherff aus Mühlheim, die aus der Kuseler Gegend stammte, sagte bei solchen Gelegenheiten stets: „Ei, ich geh zu de Nochbern maje.“ Soll heißen: Verzehlsches mache.

Ob das „Maje“ eher im Freien oder in den vier Wänden stattgefunden hat, daran scheiden sich die Geister. Unter anderem Steffi Balde schreibt, dass „diese Unterhaltungen meistens auf der Straße, am Gartenzaun oder im Hof“ stattfanden. Walter Gundacker aus Hinterweidenthal meint dagegen, „maje“ sei „das gesellige abendliche Zusammensein bei Freunden, Verwandten, Bekannten besonders in den Wintermonaten“. Die Teilnehmer hätten nebenbei Handarbeiten verrichtet. Das sehen auch Heinrich Rudolphi aus Ramstein-Miesenbach und Klaus Hollinger aus Spirkelbach so: Das „Majegehe“ habe seinen Ursprung in den früheren Spinn- und Strickstuben. Dort wurden die örtlichen Vorkommnisse „durchgehechelt“: Weeescht schunn, dass de Suss ehr Älschtie (die erstgeborene Tochter der Susanne) im siebte Monat iss?", „Gell, saach awwer nix weider, saach blooß net, dass ich der des gesaacht hebb!" Standard-Antwort: „Jo, jo, ich werr was saache." Klar, dass es bald das ganze Dorf wusste.

Laut Doris Rittmann aus Birkenheide war „maje gehe" eine weibliche Beschäftigung. Es war quasi „der Freiraum der reinen Hausfrau". Berthold Lutz aus Ludwigshafen erinnert sich an seine Mutter, die ab und zu sagte: „Heit Mittag geh ich zur Fraa E. maaje." Die Kinder wussten dann, dass sich die Vielbeschäftigte an diesem Tag einmal Zeit nur für sich nahm und erst gegen Abend, „fast wie erholt", heimkehren würde. Zum Schwätzchen los zogen die Damen laut Doris Rittmann übrigens „so, wie sie waren: mit Kutteschorz, Schlappe und Kobbduch". Auch wenn das nicht die attraktivste Aufmachung ist, scheint bei manchen „Maje"-Ausflügen auch Eros eine Rolle gespielt zu haben. Denn die große Mehrheit der Leserinnen und Leser meint, die Redewendung hänge mit dem Monat Mai zusammen und habe damit einen Bezug zu Begriffen wie „fröhlich sein" oder eben auch „freien".

Es spricht nach der Auswertung der Zuschriften viel dafür, dass Hermann Krieger, der seit 1945 in der Vorderpfalz lebt, mit seiner Beobachtung den Nagel auf den Kopf trifft: Er kennt „maje gehe" nur aus seiner Kindheit im Raum Kusel und hat den Begriff in der Vorderpfalz nie mehr gehört. Allerdings scheint die Redewendung nicht auf die nördliche Pfalz beschränkt zu sein. Marlies Wilwertz aus Böhl-Iggelheim hat „maajen" auch im moselfränkischen Sprachraum rund um Trier schon gehört. „Gebabbel" kennt keine Grenzen.

Nur: Ob es außerhalb der Pfalz auch so schöne Sprüche gibt wie jenen, den uns Hans Ehrhardt aus Gossersweiler-Stein geschickt hat? – „Wann du beim Mehe (Mähen) so gut wärscht wie beim Maie, kennten meer die Mehmaschin vekääfe!"

Nachtrag: Es gibt ein Volkslied, das um 1700 im Bergischen Land entstanden ist und von der Gruppe „Zupfgeigenhansel“ in die Gegenwart gerettet wurde, wie „Saach blooß“ nach Erscheinen des Beitrags von einem Redaktionskollegen erfuhr. In dem Lied geht es ums Ernten: „Aber ernten kann man auch Neuigkeiten oder durchaus auch Herzenseroberungen oder erotische Abenteuer“, meint der Kollege. Der Text des Lieds beweist das:

„Es wolt ein Meyer meyen, wolt meyen auff grüner Heid,
was trug er auff sein Rücken? Ein Sänsslein, das war breit,
damit wolt er abmeyen all Blümlein auff grüner Heid.
Als das ein Fräulein hörte, war frölich sie zur Stund.
Sein Senslein thät er wetzen dreymal in einer Stund,
da war das Mägdlein frölich, daß er gut meyen kund.
Sie sprach: Ich hab ein Wiselein, es ist aller Blümlein voll,
es liegt zwischen zweyn Bergen, es wässert sich so wohl;
Gott woll mir den bewahren, der darauf meyen soll.
Was zog sie von ihrem Finger? Von Gold ein Ringelein.
Sieh da, du edler Meyer, das geb ich dir zu Lohn,
mein Meyer soltu bleiben den gantzen Sommer lang.“

Folge 85, erschienen am 30.6. 2006

Alles besser oder was?

Wenn Pfälzerinnen und Pfälzer sich an alte Zeiten erinnern

Manchmal muss „Saach blooß“ ein bisschen strenger sein als sonst. Da hatten doch „die Karin un die Elke vun de Haßlocher Sparkass“ tatsächlich die jüngste Folge verpasst und dann nicht gewusst, um was sich unsere Serie diesmal drehen wird. Die beiden haben ihr Versäumnis zum Glück rechtzeitig bemerkt und nachgefragt. Und wir konnten antworten: „Heddener sellemols e bissel besser uffgebasst, deedener wisse, dass es die Woch bei uns um sellemols geht.“ Die Antwort aus Haßloch kam prompt: „Sellemols, als Saach blooß ins Lewe gerufe worre is, haben wir uns mit Feuereifer darangestürzt, uns an alte Redewendungen und Begriffe zu erinnern“, schrieben Karin und Elke – und sofort waren wir wieder milde gestimmt mit unseren Mitmacherinnen der ersten Stunde.

„Sellemols wird oftmals dazu benutzt, um eine Zeit oder ein Ereignis aus der Vergangenheit zu glorifizieren“, schreibt Klaus Hollinger aus Spirkelbach: „Sellemols, do hott de Lidder Benzin noch 42 Penning koscht.“ Nur werde dabei nicht erwähnt, „was man damals verdiente und an Abzügen zu zahlen hatte“. Es werde, meint Hollinger, aus der Vergangenheit „in der Regel nur das Gute wiedergegeben“. Ins selbe Horn stößt Joachim Lehmler aus Ludwigshafen: „Des war sellemols, achtzehhunnertleipzig, ääneleipzig, wie mer verzeh Daach unner Wasser marschiert sinn und wären beinoh verdorscht.“ Kurt Scherff aus Obrigheim-Mühlheim sieht die Vergangenheit weniger skeptisch und reimt unverdrossen: „Sellemols in alter Zeit war alles besser als wie heit.“ Oder nehmen wir die Zuschrift von Hertha Barchet aus Fußgönheim, die sich an ihre Jugendzeit erinnert, als die Bahnhofstraße noch zum Spielen da war – und nicht für die Autos: „Ja, sellemols, was waren mir glücklich.“

„Ach, sellemols ...!“

Und Wiltrud Zell aus Böhl-Iggelheim erinnert sich an ihre 1885 geborene Großmutter und deren Geschichten von „sellemols“, „aus einer ganz anderen Welt – und ich konnte einfach nicht genug davon hören“. Geschichten wie jene aus dem kalten Winter 1927/28, als sogar der Rhein zugefroren war, die auch Liesel Drieß aus Hochstadt kennt: „Sellemols hot mär vun äm Ufer ans anre marschiere kinne, un Gliewei und häßer Kaffee hot's ach gäwe.“ Oder sagen wir es doch ganz einfach mit Karl Valentin: Die Zukunft war früher auch besser.

Klar sollte damit sein: „Sellemols“ bedeutet „damals“. Erwin Spielberger aus Hauenstein berichtet außerdem, „sellemols“ werde oft verwendet, um ein Ereignis aus der Gegenwart zu relativieren: Wenn zum Beispiel jemand sich über ein schweres Gewitter beklage, dann gebe es sofort Gegenstimmen, die besagten, das Gewitter „sellemols“ sei doch sehr viel schlimmer gewesen. Oder die Autos waren „sellemols“ schöner. Oder die Staubsauger haltbarer. Oder die Röcke kürzer. Es gibt Zeitgenossen, die diese Nörgelei an der Gegenwart zur Perfektion getrieben haben.

Was den sprachlichen Ursprung von „sellemols“ angeht, gibt es zwei Meinungen. Unumstritten ist: Das Wort setzt sich zusammen aus „mal(s)“ wie in damals und aus „selle“, das in der Pfalz in den Formen „seller“, „selli“, „selles“ für hochdeutsch jener, jene, jenes steht. Nur: Leitet sich „selle“ wirklich aus dem Französischen ab, wie Gaby Boßlet aus Herschweiler-Pettersheim, Doris Rittmann aus Birkenheide, Ruth Kliefoth aus Kaiserslautern, Marlies Moos aus Frankenthal und Ottilie Rieder aus Deidesheim vermuten? Die Leserinnen argumentieren, „celui“ bedeute im Französischen „jener“, und damit genau das, wofür „seller“ im Pfälzischen steht. Noch klarer werde der Bezug bei der weiblichen Forme „celle“ für „jene“.

Carl Heupel, Romanist aus Landau, hat gegen diesen Rückschluss Bedenken angemeldet. Denn nur äußerst selten würden für die Grammatik einer Sprache bedeutsame Wörter wie Pronomen (Wörter, die für ein anderes stehen) von einer fremden Sprache übernommen. Typischer sei, dass grammatikalisch nachrangige Hauptwörter weiterwandern: so, wie das französische „Chaussee“ zur pfälzischen „Schossee“ wurde, der „pot de chambre“ (Nachttopf) zum „Bottschamber“ oder die „chaise longue“ zum „Schesslohn“.

Eine zweite Fraktion unserer Leser (Joachim Lehmler, Rudolf Walther aus Großkarlbach, Klaus Juner aus Herschberg, Ludwig Hutzelmann aus Schifferstadt und Rosemarie Mathes aus Germersheim) ist dementsprechend ganz sicher: Die Wortwurzel von „sell“ ist dieselbe wie in „selbe“. „Seller“ stehe also für „selbiger“. Und „sellemols“, wörtlich übersetzt, für „selbiges Mal“. Ein Beispiel von vielen, bei dem die Übersetzung perfekt funktioniert, liefert Rudolf Walther: „Ob's Worscht oder wäächer Kees zu de Gequellde gebt, sell is mer egal." Nicht egal sein sollte uns übrigens die Geläufigkeit, mit der uns das Pfälzische über die Lippen geht. Daher sei zum Üben für Pfälzer wie für Nichtpfälzer noch der Zungenbrecher erwähnt, den Ingrid Kretschmer aus Speyer und Joachim Lehmler eingeschickt haben: „Schellen Se net an sellere Schell (Klingel), selli Schell schellt net. Schellen Se an sellere Schell, selli Schell schelt." Und jetzt noch mal ...

Folge 86, erschienen am 21.7. 2006

Achtung, Hinterhalt!

Wenn Pfälzer loben, ohne zu lieben

Wollen wir nicht alle gelobt werden? So oft es geht (wenn auch nicht unbedingt von jedem)? Kennen wir nicht das freudige Gefühl, mit Lob überschüttet zu werden? Ist es nicht wie ein Sonnenstrahl an einem trüben Tag, zu erfahren, dass man etwas gut gemacht hat oder sogar selbst gut gefunden wird? Auch in der Pfalz sind diese menschlichen Regungen bestens bekannt. Doch es wird böse, böse mit ihnen gespielt.

„Du bischt en Kerl wie de Erl“ – so lautet im Prinzip ein dickes Pfälzer Lob: zum Beispiel für einen Mann, „der Mut hot, sich vor nix fercht un zupacke kann, wu annre längscht de Leffel hie schmeißen“, schreibt Anni Seither aus Kandel. Margret Korn kennt den Spruch aus den 50er Jahren in Haßloch von ihrer Großmutter, wenn sie als Enkelin ihre Hausaufgaben sehr ordentlich gemacht hatte. Der Erl sei „als der Beste bekannt im Pfälzer Land“, reimt auch Kurt Scherff aus Obrigheim-Mühlheim.

Es wäre nun alles gut, wäre da nicht diese kleine, böse Pause. Jene, die auf „Du bischt en Kerl wie de Erl“ in sehr vielen, wenn auch nicht in allen Fällen, folgt. So wird die Aufmerksamkeit erhöht für den gnadenlosen Zusatz, der lautet: „Unn des war en Sch...kerl.“ Sowohl sie als auch ihre 92-jährige Mutter kennen den Spruch „schon ewig“, sagt Margot Bastian aus Frankenthal, „obwohl das Wort mit dem Sch... vorne früher nicht salonfähig war“. Manfred Bauer aus Ludwigshafen hat beobachtet, dass auf die zweite Zeile aus Bequemlichkeit – oder aus Rücksicht auf die mangelnde Salonfähigkeit – verzichtet wird, „da man ohnedies weiß, was gemeint ist“.

Soll heißen: Der Erl, der „baumstarke große, kräftige Kerl“, wie ihn Petra Schneider aus Fußgönheim, „die Karin un die Elke vun de Haßlocher Sparkass“ und Inge Schornick aus Ludwigshafen kennen, hat stets schlechte Seiten. Doch was macht den Mann schlecht? Rudolf Walther aus Großkarlbach berichtet von einer „Diskrepanz zwischen der körperlichen Beschaffenheit des Mannes und seiner tatsächlich im Leben erbrachten Leistung“, Günter Birkle aus Neuhofen nennt ihn einen „wenig zuverlässigen Menschen“. Und Manfred Bauer erkennt eine „blitzartige Demontage von vermeintlich Großartigem“, die hinter der Redensart stecke.

Zwischendurch mal eine gute Nachricht: „De Erl“ ist nicht zwingend Pfälzer: „Es muss ihn auch in der Eifel geben“, den üblen Burschen, sagt Horst Hoffmann aus Landau, der familiäre Bindungen in die Eifel hat. Dort lautet der unvermeidliche Zusatz übrigens: „on dat wor en Sch...kerl“. Doch auch angesichts der augenscheinlich überregionalen Betroffenheit ist die entscheidende Frage weiter ungeklärt: Welche Person verbirgt sich dahinter? Manfred Bauer denkt an die Familiennamen Erl, Erlenwein oder Erlenmeier: „Vielleicht hat es tatsächlich einmal einen leibhaftigen Erl gegeben, dessen Art und Auftreten Anlass für dieses Zitat gegeben haben. Oder war es gar eine historische Figur, ein bayrischer Ministerialer etwa, der durch seine besondere Doppelzüngigkeit oder Boshaftigkeiten aufgefallen ist?“ Und dessen Name sich so in die Pfälzer Sprache eingegraben habe? Es könne gar der Erlkönig gemeint sein, „vordergründig ein harmloser Naturgeist, von dem wir aber spätestens seit Goethe wissen, dass er ein ganz besonders schlimmer Finger war“.

Es gibt jedoch leider keine pfälzischen Quellen, auf die „Saach blooß“ bei der Erl-Recherche hätte stoßen können. Rudolf Walther und Kurt Scherff schlagen also vor, nicht ein Mensch, sondern die hoch wachsende Erle könne bei dem Spruch Pate gestanden haben, ähnlich wie die Hainbuche beim „Haabuchene“ – dem wir Folge 76 (siehe Seite 69) gewidmet haben: ein Mann wie ein Baum. Nur, was hat die Erle Negatives an sich, das sie zum „Sch...baum“ machen könnte? Nichts, findet „Saach blooß“. Hans Magin aus Schifferstadt und Eleonore Winkler aus

Speyer geben da allerdings eine andere und ziemlich freche Antwort: „Roode Hoor und Erleholz wachsen uff käm guude Bojem/Bodde“.

Vielleicht liegt die Lösung aber ganz woanders. Joachim Lehmler aus Ludwigshafen zitiert „Das Wiesel“ von Christian Morgenstern: „Ein Wiesel saß auf einem Kiesel inmitten Bachgeriesel. Warum? Das Mondschaf verriet es mir im Stillen: Das raffinierte Tier tat's um des Reimes Willen.“ Lehmler schreibt: „Ich nehme stark an, dass es mit dem Erl genauso gelaufen ist.“ Auch Manfred Bauer meint: „Es handelt sich vielleicht nur um ein Wortspiel, mehr oder weniger aus Zufall erfunden oder aus Freude an einem zwar holprigen, aber aussagekräftigen Reim, der sich eines Tages zum geflügelten Wort aufschwang.“

Für diese Theorie spricht, dass der Spruch mit dem Erl auch im Raum Aschaffenburg bekannt ist, wie sich Johann Müller aus Münchweiler erinnert, dessen Eltern aus Unterfranken stammen. Da scheint es nicht sehr wahrscheinlich, dass sich hinter dem „Erl" eine real exisistierende, aber nur in der Pfalz bekannte Person verbergen könnte.

Wer allerdings doch noch genauer weiß als unsere Leser, was es mit dem Erl auf sich hat, der hat laut Manfred Bauer Hochachtung verdient. Und dieser sollte mit einem zwar ebenfalls reimerprobten, aber echten und ehrlichen Lobspruch Ausdruck verliehen werde: „Nicht schlecht, Herr Specht!"

Folge 87, erschienen am 11.8. 2006

Nerven verboten!

Je hartnäckiger der Vortrag, desto fraglicher der Erfolg

Steter Tropfen höhlt den Stein, heißt es. So ein Quatsch! Die Tropferei raubt dem armen Stein höchstens den letzten Nerv. Dass Beharrlichkeit zum Ziel führe, ist eine Weisheit, die in der Pfalz nicht wirkt. Denn die Pfälzer reagieren auf Bitten, Fragen oder sonstige Anliegen, die mit hartnäckiger Regelmäßigkeit vorgetragen werden, ganz anders als erwünscht. Das beweisen die Wörter „allegebott“ und „alleritt“. Beide bedeuten „immer wieder“, „andauernd“, „ständig“ oder, wie es auf Pfälzisch auch heißen kann, „laufend“.

„Mein Enkel, der lätzohrich, kummt allegebott und will Geld“, schildert Thekla Loye aus Bobenheim-Roxheim einen Fall, bei dem wiederholte Anfragen nicht auf Gegenliebe stoßen. Je häufiger der Angesprochene konfrontiert wird, desto mehr schwindet seine Neigung, dem Wunsch nachzukommen. Fragen Sie mal die Frau aus der Zuschrift von Peter Keller aus Landau: „Allegebott kummt die Bawett un will wider ä paar neie Schuh!“ Sie wird die Schuhe nicht kriegen.

Auch Laster, die sich ihrer Natur gemäß regelmäßig Bahn brechen, werden so thematisiert: „Die hängt allegebott im Kämmerle rum un schleckt (nascht Süßigkeiten)“, schreibt Gertrud Weiske aus Speyer. Anni Seither aus Kandel kombiniert Klamotten und Laster: „Mei Freundin fahrt allegebott in die Stadt und kaaft sich e neies Kläd, un alleritt lamentiert se, es Geld langt re hinne un vorne net.“ Die Wörter taugen aber auch, wenn die Natur selbst lästig wird: „Mer waren am Sunndaach uffem Houschder Knoppfescht, do hot's alle Gebott un gleich wirrer gerächend, un geblitzt un gedimmelt (gedonnert) hot's ach“, berichtet Liesel Drieß aus Hochstadt.

„Auch bei uns hier benutzt man beide Wörter“, hat im Übrigen Barbara Schneider aus Berg festgestellt. Womit sie im Widerspruch zu der Einschätzung von Doris Rittmann aus Birkenheide steht, wonach „alleritt“ und „allegebott“ zwar heute noch in der Gegend von Rockenhausen und Winnweiler gebräuchlich seien, sie die Wörter aber in der Vorderpfalz noch nie gehört habe. Die Zuschriften zeigen aber: Beide Wörter kommen in der ganzen Pfalz vor, „alleritt“ allerdings weniger häufig.

Es gibt durchaus Alternativen: Auf „alle Nas' lang“ hat neben weiteren Lesern Manfred Bauer aus Ludwigshafen hingewiesen. „Etwas derber ausgedrückt, sagt man auch alle Forz lang“, schreibt Brigitte Nullett aus Schaidt, die nicht die einzige ist, die diese Wendung kennt. Mit viel, viel Leben erfüllen sich die Worte in der Zuschrift von Rudolf Walther aus Großkarlbach: „Wie ich de neie Woi gedrunke hatt un de Zwiwwelkuche gess, do hab ich alleritt uff de Abtritt renne misse.“ Also: alle Forz lang. Apropos: Auch der elsässisch-pfälzische Spruch „Allegebott, Prost un Santé!“ ist vielen bekannt, Bertram Steinbacher aus Lingenfeld gar in der Variante „A votre santé – allegebott Zahnweh“.

„Alle Gebott“ bezieht sich auf die zehn Gebote, und da die früher nacheinander aufgesagt wurden, bedeutet dies, dass etwas in rascher Folge geschieht“, erklärt Wolfgang Hubach den Ursprung des Worts und ist sich darin mit Klaus Juner aus Herschberg einig. Andere, wie Manfred Bauer, verweisen eher auf die vielen Gebete, die den Tag über für Gläubige vorgesehen seien: „Morgens, abends, zu Tisch, Stoßgebete zwischendurch, Bittgesuche, ab und zu ein Rosenkranz.“ Die wörtliche Übersetzung „so oft wie geboten“ dagegen überzeugt als Erklärung kaum: Wer „allegebott“ kommt, verhält sich eher unbotmäßig anstatt die gebotene Zurückhaltung zu wahren. Walter Gundacker aus Hinterweidenthal leitet den Begriff dagegen von der Steuerpflicht ab: „Der Einnehmer kam nämlich mindestens viermal im Jahr, um die Beträge ratenweise abzuholen. Das waren häufig unbequeme Termine.“

„Alleritt“ wiederum ist eine harte Nuss. Das französische „aller et retour“ (hin und zurück) könnte darin stecken oder der

„Allegebott kummt ääner!“

Ritt – entstanden in Zeiten, als noch nicht Automassen nervten; Klaus Juner verweist auf die mittelhochdeutsche Wurzel „riden“ für (durch-)drehen, (durch-)winden und erinnert an das Drehen eines Fleischwolfs und den Ausspruch „am Rad drehen“. Wir sehen vor uns: Das Rad, das sich dreht, immer wieder, wie sich das bildlich übrigens auch in der Gebetsmühle offenbart. Rudolf Walther stellt dagegen den Bezug zum Wort Ritus her, der ja ein wiederkehrendes Element sei.

Folge 88, erschienen am 15.9. 2006

„Gradseläädʼs“

„Awwer ich mach's net!“

Pfälzer Oppositionsgeist: Zwischen Kampfeslust und Uneinsichtigkeit

Das ist „Saach blooß“ noch nicht passiert: Da fragen wir freundlich nach der Redewendung „gradseläåd(s)“ und „de Bernd aus Eiseberg“ schreibt glatt: „Also wanner des net wissen, duut's mer laad fer Eich. Ich kännt's Eich jo saa, awwer ich mach's net. Gradseläåd!!“ Da waren wir froh, als der Brief des regelmäßigen Mitmachers Klaus Hollinger aus Spirkelbach eintrudelte: „Obwohl mei Gschreibsel ess letschtmol ke Erwähnung gefunne hodd, du ich eich heit gradseläd widder schreiwe.“ Wir halten fest: Seinen Trotz kann man so oder so zeigen.

Denn um Widerspenstigkeit geht es heute, wie die wörtliche Übersetzung „gerade zum Leid“ zeigt, auf die uns – neben anderen – Klaus Juner aus Herschberg, Ruth Kliefoth aus Kaiserslautern und die Nichtpfälzerin Angela Friesen hingewiesen haben: „Wenn jemand etwas tut, wovon er genau weiß, dass eine andere Person darunter leidet, dann macht er es gradseläåd.“ Rudolf Walther aus Großkarlbach sagt: „Ich finde den Ausdruck treffender als das analoge ‚zum Trotz‘, das im Hochdeutschen an dieser Stelle steht. So ist auch hier das Pfälzische besonders treffend, deutlich und direkt.“

Laut Berthold Lutz aus Ludwigshafen muss Trotz nicht gleich Trotz sein: „Wenn ich gradseläåd etwas mache, dann zeige ich Rückgrat. Wenn andere gradseläåd etwas machen, geschieht das aus Uneinsichtigkeit und Borniertheit.“ Man muss sich die Welt nur so zurechtrücken, dass sie ins eigene Bild passt …

Manfred Bauer aus Ludwigshafen glaubt indes nicht, dass „gradseläåd(s) pfälzischen Ursprungs ist. Er hat dieses Kurzdrama gedichtet: „Worschtmarkt. Erste und einzige Szene: im Festzelt. Ein Besucher sagt, mit schon etwas schwerer Zunge:

Ich glaab als, ich kennt noch ääner vertraa. Sagt sein Gegenüber: Ich mään, du hettscht langsam genuch. Sagt der Erste, sich nach der Bedienung umblickend: Un jetzt graadselääds. Nebendran sagt einer, so laut, dass es jedermann hören kann: Um Gottes Wille, en Saarlänner. Ende." Der Autor ist felsenfest überzeugt, dass es sich bei „gradselääd(s)" um einen saarländischen Ausspruch handelt. Denn: „Was meine Großmutter nicht ausgeprochen hat, das gibt es in der Pfalz nicht", sagt er und spannt den Bogen weiter zum Hambacher Fest: „Man stelle sich vor, gradselääds wäre in der Pfalz bekannt gewesen und die deutschen Demokraten wären 1832 nicht mit ihrem etwas weinerlichen ‚Trotz alledem und alledem' aufs Hambacher Schloß gezogen sondern mit einem schmissig vertonten ‚Gradselääds, gradselääds!'" Es wäre der Freiheitshit des Jahrhunderts gewesen, der zur gesamtdeutschen Marseillaise hätte werden können, meint er.

Allein: Die vielen Zuschriften von Pfälzerinnen und Pfälzern, die „gradselääds" sehr wohl kennen und benutzen, legen einen anderen Schluss nahe, den Berthold Lutz ausdrücklich so formuliert: „Im Wort gradselääd offenbaren sich wesentliche Eigenschaften der Pfälzer: Opposition, Sturheit, Ausdauer." Und gut für die Konjunktur ist diese Einstellung obendrein, wie Brigitte Nullet aus Schaidt meint: „Auch kurbelt ‚gradselääd' die Wirtschaft an. Dadurch werden Frustkäufe getätigt oder Käufe, um damit anzugeben, was man hat und sich leisten kann."

Halten wir hier – um die Pfälzer noch etwas näher kennenzulernen – mit ein paar Anwendungsbeispielen inne: „Gradselääds dut er beim Esse widder schmatze und worgse", schreibt Wilfried Haas aus Hochstadt. Und Klaus Hollinger erzählt: „Saacht doch der Bu zu seiner Mudder: Gradselääd du ich das Märe heirade, und wann dich schwarz und bloo eierscht und de Deiwel uff Stelze kummt." Im letzteren Falle könnten die Nachbarn auch sagen: „Des hot der Seggel fer extra gemacht!" Bertram Steinbacher aus Lingenfeld und Brigitte Müller aus Freckenfeld verweisen auf diese bedeutungsgleiche Redewendung, die den Pfälzer Hang zum Trotz ein weiteres Mal offenbart.

Übrigens: Um Trotzreaktionen in Haßloch vorzubeugen, überlassen wir das Schlusswort heute „de „Karin un de Elke vun de Sparkass“. Die schildern nämlich besonders anschaulich, wie sie auf Gegenwind reagieren: „Da werfe ich den Kopf in den Nacken, sag: Der hot doch en Knall! – un mach es gradselääd.“

Folge 89, erschienen am 20.9. 2006

Zuckersüß und bitterböse

Reden ist Silber: Kampftratscherinnen haben in der Pfalz keinen leichten Stand

Achtung, Frauen, heute wird's ungemütlich! Zart besaitete Vertreterinnen des weiblichen Geschlechts sollten sich vor der Lektüre dieses Beitrags einen Beruhigungstee kochen.

Nehmen wir nur mal die Zuschrift von Bertram Steinbacher aus Lingenfeld, in der es ohne Rücksicht auf Verluste und politische Korrektheit heißt: „Gerätscht werd automatisch, wann sich Weibsleit im Dorf uff de Stroß treffen“ – soll heißen: Da wird sofort getratscht. Oder lassen wir uns die Feststellung von Ruth Metz aus Hatzenbühl auf der Zunge zergehen: „Eine Frau wird als Rätsch(e) betitelt, wenn sie ungewöhnlich oft auf der Straße mit anderen erzählt (rätscht) und darüber ihre Arbeit vernachlässigt.“ In unserer heutigen Folge geht es den Frauen an den Kragen, zumindest jenen, die als „e echti Retsch“ bezeichnet werden – oder noch schärfer als „traurischi“ oder gar „elendischi Rätsch“, wie Doris Rittmann aus Birkenheide sie nennt.

„Damit will ich keinesfalls die Frauen beleidigen“, verteidigt Erwin Spielberger aus Hauenstein seine Erkenntnisse über den weiblichen Kommunikationsdrang: „Aber was wahr ist, darf man doch sagen.“ – „Im Prinzip ja“, meint das „Saach blooß“-Radioteam in Eriwan. Aber es gilt zu bedenken: Beim Rätschen selbst spielt die Wahrheit nur eine untergeordnete Rolle. „E Retsch“ sei eine geschwätzige Frau, die auch Lügen über ihre Mitmenschen verbreitet, sagt Wilfried Haas aus Hochstadt, das männliche Pendant sei „de Lichesäächer“ (der Lügenerzähler). „Ä Fraa, die hinnerum verzehlt“ und schlecht redet, aber „ins Gesicht zuckersieß is“, lautet die Beschreibung, die Inge Schornick aus Ludwigshafen eingeschickt hat. Ein weiteres Paradebeispiel hat Liesel Drieß aus Hochstadt parat: „Bawett, wääscht schun 's Neischde? Geschdern Owet hot mer mei Nochbern verzehlt, dass de Frieda er Dochder vun ämme verheirate Mann e Kind grieche sell. Awwer, gäll, nit weirersaache!"

Leo Dörr aus Schweisweiler formuliert als Konsequenz eine regelrechte Gebabbelwarnung: „Mer sollt Abstand halte. Oft is es besser, mer sieht se vun hinne als wie vun vorne." Dazu passt die Einschätzung von Klaus Hollinger aus Spirkelbach: „Des Rätsche is e Kranket, die durch en Bazillus weltweit verbreit werd." Davor scheinen – Mann mag es kaum glauben – sogar die Männer nicht völlig immun zu sein, wie die Zuschrift von Werner Hofmann aus Gönnheim belegt: „Karl, wäschde was? Du bischd e aldi Rätsch!" Doch es hilft nichts: Im Vordergrund der kritischen Betrachtung bleibt die Damenwelt, siehe „Klatschbase" (eingeschickt von Marlies Moos aus Frankenthal) oder „Quasselstrippe".

Ursula Weigel, die in den 50er Jahren nach Ramberg zog, konnte damals nicht begreifen, „dass man über belanglose Dinge so ‚rätsche' kann." Eine alte Frau habe damals zu ihr gesagt: „Määd, wann du iwwer dich verzehle loscht, duscht e gutes Werk." Die Neubürgerin konnte das Verhalten der Dörfler weiterhin nicht verstehen und fragte nochmal nach. Die alte Frau erklärte daraufhin: „Wann se iwwer dich rätschen, wern die anere in Ruh gelosst."

Dass es auch „Rätscherbuwe" gibt oder gab, ist kein Widerspruch, sondern der Einstieg in die Erklärung, wie der Begriff entstanden sein könnte. Mit lärmenden Instrumenten aus Holz, am besten zu umschreiben als flache Rasseln, ziehen die „Rätscherbuwe" in der Karwoche früh morgens durch die Straßen der Dörfer. Sie tun dies, um die Kirchenglocken zu ersetzen, die vor Ostern bekanntlich schweigen, erklärt Hans Ehrhardt aus Gossersweiler-Stein. Berthold Lutz aus Ludwigshafen spannt zwischen Kampftratscherinnen und Karwoche ganz mutig den Bogen der Verkündigung: Im einen wie im anderen Fall würden Botschaften verbreitet. „Richtich gesieh is also die Retsch die Konkurrenz vun de Zeitung", stellt auch Marga Lutz aus Kottweiler-Schwanden fest.

Vermutlich wegen des Geräuschs wird übrigens auch ein beweglicher Steckschlüssel, der beim Rückwärtsdrehen rasselt, von Schlossern als „Rätsch“ bezeichnet. Anwendungsbeispiel von Ulli Ziegenfuß aus Frankenthal: „Geb mer mol die Rätsch mit enre zehner Nuss!“ Die lautmalerische Wortwurzel hat „rätschen“ laut Falk Rittig aus Grünstadt mit „rasseln“ gemein, was zum mittelhochdeutschen Wort „razzeln“ für „toben, lärmen“, aber auch zum niederländischen Wort „ratelen“ für „schwatzen“ führt.

P.S.: Unbedingt abzugrenzen ist „rätsche“ von der ebenfalls weiblichen Kommunikationsform des „Majegehens“ (siehe Folge 85, Seite 107), fordert Berthold Lutz aus Ludwigshafen. Bei beiden Vorgängen ist das Drumherum zwar fast identisch (Frauen treffen sich auf der Straße und unterhalten sich). Während „rätsche“ aber ausschließlich einen negativen Unterton hat, ist „maje gehe“ für „Schwätzchen halten“ durchweg positiv zu verstehen: zum Beispiel als der notwendige Freiraum für die schwer schuftende Hausfrau. Versteh einer die Männer …

Folge 90, erschienen am 13.10. 2006

Die Psychologie des Hinschmeißens

Freiheitsdrang kontra Verantwortung –
Wenn Pfälzerinnen und Pfälzern die Lust vergeht

Fühlen Sie sich ausgenutzt? Haben Sie keine Lust mehr? Sind Sie sauer auf die Chefin oder den Chef? Auf die Kollegen? Auf die Kumpels? Auf den Mann? Auf die Frau? Auf den Lebensabschnittspartner? – Wir wissen nicht, was der freundliche Psychologe in diesen Fällen empfiehlt. Bertram Steinbacher aus Lingenfeld rät: „Pälzer Fruscht: johrelang de Depp gemacht. Jetzert langt mers, ich schmeiß de Bättel hie.“ Was bedeutet: „Sollenses grad selwer mache“ oder fortan alleine glücklich werden. Vereinfachen Sie Ihr Leben und lassen Sie sich nicht länger auf der Nase herumtanzen.

Das klingt gut, doch ist Vorsicht geboten: Beim „Bättel hieschmeiße“ geht es nicht nur um Befreiung, sondern auch um Verantwortung. Manfred Bauer holt zur Erklärung weit aus: „Dem Pfälzer ist das Hinschmeißen des Bättels eigentlich wesensfremd, sozusagen mit einem Tabu belegt, weil gerade die Pfalz unter einigen Bettelhinschmeißern übel gelitten hat.“ Er erinnert an den letzten Kurfürsten, der sich ‚nach München verdrückt und seine Pfälzer Untertanen der Willkür französischer Truppen überlassen“ habe. Seither habe der Pfälzer Stolz Vergleichbares nie mehr zugelassen. So sei es Fritz Walter im Endspiel von 1954 auch beim Stand von 0:2 nicht in den Sinn gekommen, den „Bättel“ hinzuschmeißen. Übrigens auch jenem Politiker nicht, „dessen Name mir im Moment nicht einfällt, den man in seinen jüngeren Jahren den Langen, später den Dicken und noch später den Alten nannte, der nix hingeschmissen, sondern alles ausgesessen hat“, meint Manfred Bauer.

Ebenfalls und zum Glück nicht den „Bättel hingeschmissen“, sondern einen kritischen Hinweis an „Saach blooß“ geschickt

„Du kannscht doch nit de Bettel hieschmeiße!“

hat Marga Lutz aus Kottweiler-Schwanden: „Das leit in de Hinnerpalz“, schreibt sie und merkt an: „Meer saan net ‚de Bättel‘ sondern ‚de Bärl‘“. Gemeint sei aber dasselbe: „Nemm dein Gruscht und verschwinn, sonscht muss ich dich met deim ganze Bärl e naus schmeiße!“ Auffällig bei diesem Zitat: „Gruscht“ und „Bättel/Bärl“ stehen eigentlich für dasselbe: „Krimskrams, Plunder, Bawwelatsch“, wie Wilfried Haas es auch nennt.

Inge Schornick aus Ludwigshafen hebt ebenfalls auf die mutmaßliche Minderwertigkeit des „Bättel“ ab: „Was soll der Beddel koschde?“ – mit dieser Frage lasse sich die Geringschätzung für ein Kaufobjekt ausdrücken. Andererseits wird in der Pfalz laut Ruth Kliefoth aus Kaiserslautern auch „gebittelt un gebettelt“, wenn jemand etwas vermeintlich Tolles unbedingt besitzen will.

Apropos Besitz: „Wir glauben, dass mit Bettel Hab und Gut gemeint ist“, also „Zusammengetragenes“ oder „Zusammengebetteltes“, schreiben „die Karin un die Elke vun de Haßlocher Sparkass“. „Schdell der mol vor: Jetzt hot die ihrn ganze Beddel de Käddel vermacht!“, lautet ein Beispiel von Wilfried Haas. Und, dem Geld auf der Spur, lockt uns Falk Rittig aus Grünstadt mit seinem Hinweis auf das mittelhochdeutsche Wort „betelen“ (für „Geringfügiges“) in die Vergangenheit, wo Klaus Juner aus Herschberg wartet: Im Mittelalter habe es einst eine „Beeth“ oder „Leib-Beeth“ gegeben, erklärt er. Das sei ein Kopfzins gewesen, den Leibeigene als Zeichen ihrer Unfreiheit zahlen mussten, wenn ein Untertan zum Beispiel das Herrschaftsgebiet verlassen wollte. Sicherlich seien manche Opfer erbost gewesen und hätten dem Steuereintreiber „die ganze Beeth“ vor die Füße geworfen, meint Klaus Juner. „Bete“ sei im Mittelalter aber auch ein Wort für „Spieleinsatz“ gewesen – bis heute erhalten im englischen „to bet“ für „wetten“.

Heinz Schlösser aus Landau weist darauf hin, dass es sich beim „Bättel“ laut Duden um einen deutschlandweit bekannten Begriff handele, der sich allerdings in der Pfalz auf besonders interessante Weise niedergeschlagen habe: So gebe es in Rhodt unter Rietburg in der Theresienstraße noch heute den „Bettelplatz“. Dort seien früher allerlei Gerätschaften gelagert worden, Ackergeräte oder Bütten zum Beispiel. Der Leser stellt fest: „Heute wird dieser Platz mit dem Bettel der Neuzeit belegt: Er ist nämlich ein Parkplatz.“ Kein Wunder, dass man als Automobilist angesichts der Fahrweise vieler Artgenossen (oder weil einen die Unterhaltskosten an den Bettelstab bringen) oft kurz davor ist, den Bättel oder Bettel hinzuschmeißen.

Zur Beruhigung: „Saach blooß“ wird den Pfälzer Sprach-Bättel natürlich nicht hinschmeißen, sondern sich weiter den drängenden Fragen rund um die pfälzischen Sprüche, Begriffe und Redensarten zuwenden. Versprochen!

Folge 91, erschienen am 17.11.2006

„Hannebambel“

Der Marionetten-Mann

Wenn Pfälzer nach der Pfeife tanzen
– Annäherungen an ein Klischee

Lassen Sie es uns einfach mal tun: nach Herzenslust ein Klischee bedienen. Was nützt denn alle Differenzierung, wenn wir stattdessen den Pantoffelhelden auseinandernehmen können, und das auch noch reimenderweise:

„De Hanebambel is en Mann,
der owwe – unne – net so kann;
Weichei, nix fer stramme Dame,
statt Zambano en Mann – en lahme“,

meint zum Beispiel Walter Ruffler aus Ludwigshafen.
Bernd Vanselow aus Böhl-Iggelheim dichtet:

„En Hannebambel is en Mann,
wo selber nix entscheide kann.
Un deshalb dud des – stimmt genau –,
statt seiner seine liebe Frau.“

In Prosa formuliert es Kurt Scherff aus Obrigheim-Mühlheim: „Meiner Ansicht nach kriecht der Hannebambel bereits unter den Tisch, bevor Frau oder Schwiegermutter den Befehl dazu geben.“ Noch prosaischer sagt es Christl Weber aus Gleiszellen: Der „Hannebambel“ sei schlicht „en dreigedrehter Lahmarsch“.

Was „Saach blooß“ zu denken gibt, sind die vielen Brüder, die der Hannebambel (oder Hahnebambel, wie er laut Hans Ehrhardt im Gossersweilerer Tal heißt) in der Pfalz zu haben scheint. Manfred Bauer aus Ludwigshafen kennt sie alle: „Labbeduddel, Hosseloddel, Lellebebbel, Hoidoi“, und Joachim Lehmler aus Ludwigshafen ergänzt die Liste um den „Sunsebrunzel“.

Man könnte fast vermuten, es handele sich bei den Pfälzern generell um Schlaffis, um „äfältiche Simpel, wu sich alles gfalle lossen, un nit's Herz hän, fer d'Gosch uffzumache, wann's um ihr Recht geht“, wie Anni Seither aus Kandel sagt.

Wir geben an dieser Stelle vorsichtshalber Entwarnung: „Saach blooß“ konnte schon ausführlich berichten, dass es in der Pfalz auch Helden gibt: den „Hilbert“ zum Beispiel, der den Schoppen weiterreicht, bevor der Tischnachbar verdurstet (siehe Folge 3 in Band 1), oder den „H(o)abuchene“, jenen Mann, der stark ist wie eine Hainbuche (siehe Folge 73, Seite 69).

Mehreren Lesern ist bei der Suche nach dem sprachlichen Ursprung des Worts „Hannebambel“ die Ähnlichkeit mit ebendiesem „H(o)abuchenen“ aufgefallen: Wilfried Haas aus Hochstadt, Ludwig Hutzelmann aus Schifferstadt und Klaus Juner aus Herschberg. Manfred Bauer liefert aber auch eine andere Erklärung. Für ihn ist der „Hannebambel“ ein uralter Ausdruck für eine Marionette, für „Hannes, den Bambler“. „Bambeln“, von hochdeutsch „baumeln“, sei ja tatsächlich genau das, was eine Puppe an Fäden tue, sagt Inge Schornick aus Ludwigshafen. Auch für „die Karin un die Elke vun de Haßlocher Sparkass“ ist der Hannebambel „ein Hampelmann“, und zwar einer, der „unner de Fuchtel (vun) soiner Fraa“ steht. Wie das mit dem Spruch „Hannemann, geh du voran!“ aus dem Märchen von den sieben Schwaben zusammenpasst, den Heinz Wolfert aus Beindersheim eingeschickt hat, dürfte dagegen schwer zu klären sein (es sei denn, Frau Hannemann schickt ihren Gatten zum Einkaufen).

Ein wenig können wir die armen Männer aber beruhigen: Laut Wilfried Haas ist nämlich auch die „Bambelgret“ bekannt. Und selbst, wenn Kurt Scherff den Begriff „Hannebambeline“ erfunden haben sollte: Er sei an dieser prominenten Stelle am Ende des Beitrags erwähnt, damit sich auch nach der heutigen Folge kein Mann hängen lassen muss.

Folge 92, erschienen am 1.12. 2006

„Gehubbst wie gedubbst“

Hüpfen auf der Himmelsleiter

Pfälzische Piepegal-Phrasen und ihre gesundheitsfördernde Wirkung

Ob es ängstliche Schicksalsergebenheit ist oder einfach die Erkenntnis, dass sich das Leben nur gelassen genießen lässt – fest steht: Pfälzerinnen und Pfälzern ist vieles gleich, besser gesagt „schnurzpiepegal“ (meint Gisela Schumann aus Grünstadt) oder noch besser „wurscht“ (so Gerhard Kinsler aus Römerberg). Anders lässt sich kaum erklären, warum es so viele Redewendungen gibt, in denen es um verschiedene Wege geht, die allesamt „nach Rom führen“, wie „die Denker un Lenker vun de KBA Frankenthal“ es formulieren.

„Des isch gehubbst (oder: -hupst) wie gehickelt“ ist laut unseren Lesern eindeutig der Klassiker, dicht gefolgt von „gehubbst wie gedubbst“. Dass „hubbse“ pfälzisch für „hüpfen“ ist – geschenkt. Spannend wird's bei „hickle“, wie Wolfgang Meiler aus Neustadt meint. Er erinnert sich – wie viele andere Leser auch – an die „Hickelparcours“ der Kinder, durch die sich vorwiegend Mädchen einst hindurchbewegten. Und zwar sowohl „hubbsend“, also auf zwei Beinen in die Luft springend, als auch „hickelnd“, also einbeinig hüpfend. „Hickels“ hieß dieses Spiel mancherorts, woanders wurde es „Hickelhais'che“, im Saarland auch „Hickelhäusje“ genannt.

Mit Kreide wurden mehrheitlich quadratische Kästchen auf die Straße gemalt, eine sogenannte Himmelsleiter, sagt Manfred Bauer aus Ludwigshafen. Die Kinder sprangen dann nach streng vorgegebenem Plan ein- und zweibeinig hin und zurück. Ein schweißtreibender und gesundheitsfördernder Zeitvertreib, der der Jugend von heute gut täte, meint Leser Bauer. Gleiches gelte für Erwachsene, „von denen viele mit versteinertem Gesicht und Stöcke schwingend durchs Gelände stapfen, Nordic

Walking betreibend. Würden sie heute noch hickle, dann würde es ihnen besser gehen".

Die Spruch-Alternative „gehubbst wie gedubbst" (oder „gehubbelt wie gedubbelt", so die Variante von Hans Mannweiler aus Frankenthal) könnte lautmalerischen Ursprungs sein, vermutet Wolfgang Hubach aus Haßloch; weil nämlich das Geräusch „ubbs" entsteht, wenn jemand oder etwas auf dem Boden aufkommt. Der Spruch könnte sich aber auch um des Reimes Willen entwickelt haben, wodurch aus „gedobbst" (wie in „Dobbsball") „gedubbst" wurde, wie einige Leser glauben.

Damit sind aber noch lange nicht alle pfälzischen Piepegal-Phrasen aufgezählt. „Des is gehuppst wie e Satz gemacht" nennt Fritz Wagner aus Erlenbach eine weitere. Auch die Version „ge-

hubbst wie närrisch gedu“ ist mehreren Lesern bekannt. Hier scheint allerdings Spießigkeit durch, weil Bewegung als auffällige und damit eher unerwünschte Unruhe angesehen wird (wie in: „Kind, bleib endlich ruich uff deim Bobbes hocke!“). Bei „Gehubbst wie gesprung(e)“ schließlich wurde die Redensart, wie sie im Hochdeutschen vorkommt, wörtlich eingepfälzert.

Nebenbei: Schnurzpiepegal war es Hans Magin aus Schifferstadt nicht, welchen Spruch wir für die heutige Folge ausgewählt haben. Er protestierte, „die Saach-blooß-Fangemeinde soll wohl leischd vera… werre“. Denn vor vier Jahren habe sich die Serie über Pfälzer Redensarten in allen Lebenslagen ausführlich mit dem Spruch „Des kannscht mache wie en Dachdecker“ (siehe Folge 17 in Band 1) befasst. Der zeige auch zwei Alternativen auf, die beide gleich gut oder gleich schlecht sind. „Saach blooß“ kontert gelassen: „Des isch doch gehubbst wie gedubbst.“ Oder, um es mit Wilfried Haas aus Hochstadt zu sagen „Des esch wie Huddel und Lumpe“ (beides pfälzisch für „Lappen“).

Folge 93, erschienen am 15.12.2006

„Simmeliere“

Denken? Nein, danke!

Was hat sich „Saach blooß“ nur dabei gedacht? Eine Frage aufzuwerfen, in der es ums Denken geht; jenen Zeitvertreib des Gehirns, der den Menschen nach landläufiger Meinung abhebt von allem anderen, was auf der Welt so kreucht und fleucht. Und das alles, um am Ende zu erfahren, dass die Pfälzer (auch Kurpfälzer) zu der ganzen Nachdenkerei ein, na sagen wir, sehr eigenwilliges Verhältnis haben.

Sybille Baumann-Noß aus Frankenthal hat das als junge Medizinstudentin erfahren, als sie im Klinikum Mannheim auf Station arbeitete. Auf die Frage, wie sie denn geschlafen habe, antwortete damals eine Patientin: „Gar nit gut, ich hab die ganz Nacht simmeliert.“ Die angehende Ärztin war doch verwundert: Eine Patientin gibt offen zu, eine Simulantin zu sein: ein Mensch also, der nach Aussage zum Beispiel von Otto Kesselring aus Matzenbach „eine Krankheit vortäuscht“, und zwar „um Mitleid, Aufmerksamkeit oder sonstige Vorteile zu ergattern“, meint Manfred Bauer aus Ludwigshafen.

Weit gefehlt, wie mittlerweile auch die Ärztin aus Frankenthal weiß. „Wann en Pälzer simmeliert, isch er noch lang kän Simulant“, hat neben vielen anderen Lesern auch Wolfgang Meiler aus Neustadt festgestellt. Simmeliere sei „so etwas wie pfälzische Intensivdenke“.

Dabei ist umstritten, ob diese Art des Denkens als zielführend gilt oder nicht. Hans Ehrhardt aus Gossersweiler-Stein meint zwar: „Liewer länger simmeliere unn kirzer schaffe wie umgekehrt.“ Viele andere Leser dagegen liefern Beispiele, in denen ein klarer Vorwurf mitschwingt: „Was simmuliersch dann schun wirrer?“ muss sich jemand anhören, „der still in Gedanken so vor sich hinträumt oder angestrengt denkt“, schreibt Ingrid Schneider aus Steinweiler. „Her mol Männel, du hockscht

„Heer uff se simmeliere!“

de ganze Tag erum und simmelierscht vor dich hie, fang endlich emol a(n), es Geschirr se spüle“, schreibt Kurt Scherff aus Obrigheim-Mühlheim. Oder, um es mit Liesel Drieß aus Hochstadt zu sagen: „Simmelier nit so viel, sunscht gäbscht am End noch en Simuland!“

So oder so wird deutlich: Die Pfälzer wandeln auf dünnem Eis, wenn sie für „nachdenken“ ein ursprünglich lateinisches Wort verwenden, das eigentlich für „verstellen“ steht. Bedeutet dieser Bedeutungswandel denn nicht, dass Pfälzer das Denken für eine Vorspiegelung falscher Tatsachen halten? Beweist das nicht, dass der Pfälzer und die Pfälzerin dem Phänomen des Denkens skeptisch, wenn nicht gar feindselig gegenüberstehen?

Ganz so schlimm scheint es zum Glück nicht zu sein. Berthold Lutz aus Ludwigshafen zum Beispiel sagt, beim pfälzischen „Simmeliere“ gehe es nicht nur ums Nachdenken: „Man sieht in der Regel nicht, ob jemand nachdenkt. Doch wenn jemand simmeliert, sieht man das sofort: Da werden Löcher in die Luft geguckt", da werde „Denkerpose eingenommen". Das Denken werde also immerhin nicht vorgetäuscht, sondern den Pfälzern gehe es bei der Verwendung von „simmeliere" um „die äußeren Anzeichen" des Denkens.

Das klingt zwar schon besser. Da sich allerdings auch viele Krankheiten anhand von äußeren Anzeichen diagnostizieren lassen, sind die Pfälzer, was ihr Verhältnis zum Denken angeht, noch lange nicht aus dem Schneider. Noch etwas weiter hilft da Rudolf Walther aus Großkarlbach. Er verweist auf das Wort „Simulation", das für eine möglichst detailgetreue Nachahmung eines natürlichen oder technischen Vorgangs stehe. Und Ziel einer solchen Simulation sei doch „die Gewinnung von Erkenntnissen oder Einsichten in das Wie und Warum". Ganz wie beim Denken also. „Saach blooß" meint: Das ist ein argumentativer Rettungsanker, für den unser Leser ein Denkmal verdient hätte – ebenso wie Wilfried Haas aus Hochstadt, der bei der Frage nach der Entstehung des Worts auf die klangliche Nähe von „simmeliere" und hochdeutsch „sinnieren" hinweist – und der damit einen weiteren Beitrag zur Ehrenrettung des pfälzischen Denkers leistet. Denn sinnieren ist ziemlich genau das, was die Pfälzer mit „simmeliere" meinen: „Über ein Thema, eine Sache oder einen Tatbestand nachdenken, ohne ein Resultat zu erhoffen. Sich einfach Zeit nehmen zum Nachdenken. Das ist in unserer hektischen und automatisierten Zeit wohl auch schon Luxus", schreibt Christel Helm aus Maikammer.

Das Denkmal für unsere findigen Leser könnte übrigens eine bronzene „Simmelierkuchel" sein, ein Kopf also, wie Fritz Wagner aus Erlenbach und Fritz Jung aus Neustadt anmerken. Kein Denkmal gibt's indes für jenen Herrn, der in der Kurzgeschichte von Hans Estelmann aus Böchingen den Begriff „simmeliere" herzhaft mit Leben erfüllt: „Am erschte Owend noch marm (meinem) Urlaub häbb ich in marm Bett simmeliert. Do mähnt mar (meine) Frää: Wass simmelierscht dann? Do saach ich: Die esch vumm Urlaub, die kennscht nit."

Folge 94, erschienen am 10.1.2007

Hoch das Bein!

Wenn Pfälzer sich mühsam bewegen – und die Post Blutwurst verschlampt

„Bein heben ist bessel als Bein nicht heben“, sagt ein weiser chinesischer Tai-Chi-Lehrer (Name der Redaktion bekannt), den wir unerkannt entkommen lassen wollen, der mit seinem Ratschlag aber zum Ausdruck bringen will: Jede Form der Bewegung ist für Körper und Geist besser, als wenn man gar nichts tut. Besagter Chinese ist mit der Region zwischen Rhein und Saar nicht vertraut, sein Spruch könnte aber durchaus aus der Pfalz stammen. Geht es doch um Gesundheit, wenn es auf Pfälzisch heißt: „Wann d’ weider so schlorbse duhscht, dann kriegscht änni hinner die Ohre“ (eingeschickt von Heinz Buchholz aus Winden).

„Schlorps nit, heb die Fieß hoch“, lautet der Standardsatz ohne eingebaute Drohung, den jedes Kind in der Pfalz irgendwann einmal zu hören bekommt. „Beim jüngeren Menschen ist schlorpse Ausdruck von Langeweile und Unlust“, analysiert Rolf Grimmeißen aus Neuhofen die Hintergründe des schwerfüßigen Gehens, das sich allerdings auch bei älteren Menschen wegen gesundheitlicher Beschwerden einstellen kann – oder bei Leuten, die während des Laufens ermatten: „Mer hän uns verloffe un sin schdundelang durch de Wald gschlorpst“ – und nirgendwo war „e Wertschaft“ in Sicht, in der man sich hätte stärken können.

Das „Schlorpse“ hat oft Folgen. Ruth Öhl aus Böllenborn erzählt von ihrem Vater, der Holzschuhmacher war: Bei den guten Stücken, von denen der Vater kurz nach dem Zweiten Weltkrieg drei bis fünf Paar am Tag hergestellt habe, habe sich durch das „Schlorpse“ die Sohle schief abgelaufen, wodurch Übeltäter, besser: Übelläufer, leicht zu überführen waren. Dabei ist diese

„… un schlorps net so!“

Form kriminalistischer Anstrengung unnötig. Denn einen „Schlorpser“ erwischt man ganz leicht auf frischer Tat. Das „Schlorpsen“ nämlich ist „stets mit Geräusch verbunden“, sagt Ruth Metz aus Hatzenbühl, und daher ist der Verursacher schon von weitem vernehmbar.

Laut Rudolf Walther ist das Wort indes nicht überall in der Pfalz in gleicher Aussprache zu hören. Während in seinem Heimatort Großkarlbach eher „schlorpse“ geläufig sei, habe seine Großmutter im südpfälzischen Vollmersweiler „schlurpse“ gesagt und dasselbe gemeint: „Schleppend mit schleifenden Füßen gehen“, wie Karola Schied aus Neustadt es nennt.

Das hat nach eigener Aussage übrigens auch Hannelore Boos aus Haßloch gemacht, als sie kurz vor Weihnachten 2006 ein Päckchen zur Post brachte, mit dem sie ein „Saach blooß“-Buch

(Band 1) und zwei Ringe geräucherte Blutwurst (!) nach Hessen verschicken wollte. Als das Paket ewig nicht ankam, habe sie zu grübeln begonnen, „ob nun das Buch oder doch die Wurst schuld am Verlust meines Päckchens ist". „Saach blooß" meint: Es könnte auch sein, dass die Post einen „Schlorps" im Einsatz hatte, einen „ungeschickten Menschen ohne Plan und Ziel" (wie Rolf Grimmeißen den „Schlorps" beschreibt).

Viel schneller als die Frage der verschwundenen Post ist heute immerhin jene nach der Herkunft des Worts geklärt. „Schlorpse" ist die pfälzische Version des hochdeutschen „Schlurfen", und das wiederum ist lautmalerischen Ursprungs: „Schlorps, schlorps" macht es auf Pfälzer Straßen. Dass es dieses Geräusch auch in Pfälzer Küchen und Esszimmern zu hören gibt, damit wollen wir uns in der nächsten Folge befassen. Wir versprechen: Auch dann wird es wieder geräuschvoll zugehen.

Folge 95, erschienen am 26.1.2007

„Schlurpse“

Die Anatomie des Schlürfens

Geräusche bei der Flüssigkeitsaufnahme – gut oder böse?

Grundkurs Anatomie. Heute: der Mundraum. Die Mundhöhle (lateinisch cavum oris) wird vorne von den Lippen, oben vom harten und weichen Gaumen, seitlich von den Wangen und unten vom Mundboden begrenzt. Die vordere Öffnung ist die Mundspalte, die hintere die Schlund-Enge. – Keine Sorge, liebe Leserinnen und Leser, Sie sind schon richtig bei „Saach blooß“. Doch bevor wir uns dem Thema „schlurpse“ zuwenden, müssen wir uns dem Ort des Geschehens widmen.

Denn die Auseinandersetzung mit geräuschvollem Trinken erfordert das Wissen um die Abläufe bei der Flüssigkeitsaufnahme. „Ansaugen“ lautet eine Übersetzung für „schlurpse“ von Wilfried Haas aus Hochstadt, die veranschaulicht: Es geht um den Transport einer Flüssigkeit (Kaffee, Suppe) aus einem Gefäß via Mundspalte in die Mundhöhle, und zwar per Unterdruck, der von der Lunge aus über den Rachen verbreitet wird.

Wie Ottilie Rieder aus Deidesheim und Michael Demessier erklären, hängt das pfälzische „Schlurpse“ direkt mit dem mittelniederdeutschen „Slorpen“ für „ziehen“ zusammen. Daraus entwickelte sich im Hochdeutschen sowohl „schlurfen“ für schwerfällig-geräuschvoll gehen (siehe „Schlorbse, vorangegangene Folge) als auch „schlürfen“ – was alle Fragen zur Entstehungsgeschichte von „schlorpse“ oder „schlurpse“ beantworten dürfte.

Das „Schlurps“-Geräusch kann a) außerhalb der Mundhöhle entstehen oder b) tief im Mund drin. Die Beispiele „Schlurps dei Supp nit vum Leffel runner, schdegg en in de Mund“, eingeschickt von Ruth Metz aus Hatzenbühl, und „mit dem Strohhalm den Rest Limonade aus dem Glas schlorpse“ (von Thomas Zech aus Bobenheim-Roxheim) sind der Kategorie a) zuzuordnen. „Wenn aber bei einer Weinprobe der Weinkenner lang-

sam und genüsslich den Wein über die Zunge zieht", wie Ottilie Rieder schreibt, dann ist das ein klarer Fall b). Anatomisch erstaunlich ist das Beispiel von Klaus Juner aus Herschberg: „De Opa hot's Gebiss verlor, jetzt schlorbst er Supp durchs Mittelohr", so habe man einst „auch schon mal auf etwas unfeine Weise Gebrechen und Essschwierigkeiten des Alters" veräppelt, berichtet er.

Was uns zu der Frage führt, ob „schlorpse" nun eigentlich gut oder böse ist. „Wonn du weiter so die Supp schlorpscht, grischt äni geknallt, hott moin Vadder immer gsat", lässt Emil Diehl aus Wachenheim keinen Raum für Zweifel, ebenso wenig wie Hans Ehrhardt aus Gossersweiler-Stein: „Schlorps nit sou. Wann dess e Fremdes heere deet, do misst mer sich jo se Dout schämme." Für Kurt Scherff aus Obrigheim-Mühlheim ist dagegen eher von Bedeutung, dass „schlurpse" schlicht „ein Zeichen des Wohlergehens“ sein kann (wie im Mittelalter das Rülpsen und Furzen), während Klaus Hollinger aus Spirkelbach unentschieden ist: „Schlurpse“, „dess iss dess, wass mansche Leid zu vermeide suchen, wann's awwer was Gudes gebbt unn dezu nix koscht, dann kannscht se finf Deere weider noch schlorbse heere.“ Rosemarie Mathes aus Germersheim würde diesen Disput wohl auf pfälzisch-sympathische Weise beenden: „Do, drinken noch en Schlorpser, bevor ner häämgehn!“

Bevor sich „Saach blooß“ aber dem Trollschobbe zuwendet, wollen wir „es Schlurpse“ noch ein wenig in Schutz nehmen. Anders als beim „Schlawwre“ (Folge 54 im ersten Band: Saach blooß, 2006), verlässt beim „Schlurpse“ die Flüssigkeit nach Betreten der Mundhöhle diese nämlich stets in Richtung Magen, wie es sich gehört. Keinesfalls „sääwert“ (sabbert) etwas am Gesicht herunter oder tropft auf die Klamotten. Soll heißen: Beim „Schlurpse“ wird die Umwelt ausschließlich akustisch belästigt.

Apropos: Belästigt dürfte sich auch der Dorfpfarrer gefühlt haben, der den Rahm von frischer Kuhmilch im angebotenen Tässchen Kaffee nicht leiden konnte (in einer Geschichte, die Walter Gundacker aus Hinterweidenthal, Karl Kayser aus Bad Bergzabern und Otto Ringelsbacher aus Wattenheim kennen). Die Hausfrau bot dem Geistlichen nämlich an: „Moment, Herr Parre, ich schlorps Ihne de Rahm grad runner!“ – Mahlzeit!

Nachtrag: Auf eine originelle örtliche Besonderheit hat nach Erscheinen der Beiträge Norbert Kästel aus Geinsheim hingewiesen: „In unserem Dorf wird von den meisten Einheimischen deutlich das rollende ‚R‘ gesprochen. Ganz auffallend ist das, wenn nach dem ‚R‘ ein Kehllaut folgt, zum Beispiel ein ‚Ch‘ oder ‚G‘, denn auch diese Laute werden hier ‚richtig‘ und nicht als ‚Sch‘ gesprochen, zum Beispiel in ‚Kirche‘, ‚horchen‘, ‚Karch‘ und ‚Orgel‘. Wer nun dieses rollende ‚R‘ nicht sprechen kann und dafür den Kehllaut verwendet, der ‚schlorpst‘. So waren für die Geinsheimer (zum Beispiel) die benachbarten Gommersheimer als ‚Schlorpser‘ bekannt.“

Folge 96, erschienen am 9.2. 2007

Eins auf den Deckel

Gescholten, betrogen, genarrt:
Wenn die Pfälzer Stimmung gedrückt ist

„Dubbe“ sind in der Pfalz eigentlich sehr beliebt. „Ä echti Pälzer Nas basst in jedes Dubbeglas“, schreibt zum Beispiel Hans Estelmann aus Böchingen und spielt damit auf das Weinschoppenglas an, aus dem gerne und viel gezecht wird und das mit rutschfesten Punkten, den „Dubbe“, also Tüpfelchen, versehen ist. Und: „Gequellte un dub, dub“ gibt es laut Karl Freidel am Arme-Leute-Esstisch im Kartoffelmuseum in Fußgönheim und gab es laut Helmut Ries aus Wachenheim auch andernorts: Pellkartoffeln werden dabei in Salz gedrückt, um den Geschmack zu verbessern. Auf den ersten Blick ist also kein Grund zu erkennen, warum man durchs „Dubbe“ in negative Schwingungen geraten sollte.

Doch leider besteht das Leben nicht nur aus essen und trinken. „Der hot dich ganz schen gedubbt unn dir gezeicht, wo de Barthel de Moscht holt“, schreibt Klaus Hollinger aus Spirkelbach. „Mer fange am halwer achte ooh, gell!“ – Auch diese mahnenden Worte eines Vorgesetzten, festgehalten von Rolf Grimmeisen aus Neuhofen, lassen sich so zusammenfassen: Der Mitarbeiter wurde „gedubbt“.

Joachim Lehmler aus Ludwigshafen spannt den Bogen vom getüpfelten Glas und den getunkten Kartoffeln zum In-den-Senkel-Stellen, pfälzisch: „äm äns uff de Deckel gewwe“: Wenn jemand „gedubbt“ worden sei, habe ein Mitmensch wahrscheinlich den Eindruck gehabt, „dass mer den e bissel klääner mache soll“. Und zwar, indem man ihm durch leichte Berührungen mit den Fingerknöcheln Kopfnüsse versetzt. „Die Karin un die Elke vun de Haßlocher Sparkass“ führen den Gedanken weiter: „En Dubbe“ könne in der Pfalz auch eine Delle oder Beule sein.

Und „wenn man eine aufs Haupt oder den Deckel bekommt", könne man durchaus mal eine Beule davontragen. Das wollen wir für Rosemarie Mathes aus Germersheim nicht hoffen, die berichtet: „Bevor du uns iwwer de Kopp waxe duschd, werscht e bissel gedubbt, so hörte ich meine Eltern sagen, als meine Körpergröße die meiner Mutter überstieg."

Eine mildere Lesart bietet Rolf Grimmeisen an. „Auch hinweisend, bittend oder informativ wird (sanfter) gedubbt: Der lange Mittelfinger berührt leicht anklopfend als Vorbote einer Information eine bis auf Armeslänge entfernte Person, die uns gerade nicht im Blickfeld hat. Auf die Schulter dubbend: ‚Entschuldigen Se bitte, derf ich emol duarsch?'"

Das Wort „dubbe" leite sich ab von mittelhochdeutsch „d(o)uhen", was einst „drücken, schieben, niederdrücken" bedeutet habe, sagt Edith Merckel aus Bad Dürkheim. Die eingedrückten Vertiefungen wurden laut Klaus Juner aus Herschberg mit dem ebenfalls mittelhochdeutschen Wort „topfe", für „Punkt, kreisrunder Fleck" bezeichnet: Sein Anwendungsbeispiel aus dem Pfälzischen: „Ich dubb dich, dass de so klää wärscht wie e Dibbelche uffem i!"

Damit wären mal wieder alle Sprachspatzen gefangen und alle Bären und Beeren geschält, könnte man an dieser Stelle meinen, würde sich damit jedoch der Gefahr aussetzen, besonders heftig „gedubbt" zu werden. Denn „dubbe" hat beileibe nicht nur mit Anschnauzen und Eintunken zu tun. „Der hot mich noigelescht, iwwer de Disch gezoche", sagt Bertram Steinbacher aus Lingenfeld. „Der hot mich gedubbt", heißt es laut Bernhard Gabauer aus Ludwigshafen, „wann ääner bschisse worre is". „Was soll ich sage: b'schisse hän se mich, neigelegt, fer dumm verkaaft", schildert auch Petra Schneider aus Fußgönheim ihre Vorstellung von „(be)dubben". In der Version „Der hot mich bedubbt" wird deutlich, dass es beim „Dubbe" auch um unlautere Geschäfte und miese Tricks gehen kann. Wilfried Haas aus Hochstadt und Marlies Moos aus Frankenthal melden: „Duper" bedeute im Französischen (jemanden) hereinlegen, narren, irreführen, überlisten, täuschen – wiederzufinden im Fremdwort „düpieren". Wer also „bedubbt" worden ist, hat zwar in der Regel keinen Grund zum Lachen, muss sich aber zumindest aus sprachwissenschaftlicher Sicht nicht mit roher Gewalt und in der Folge mit Beulen, Dellen und sonstigen runden Punkten herumschlagen.

Andererseits gibt es auch Fälle von Irreführung, die problematisch sind: „Dubbesgeld" ist laut Manfred Bauer aus Ludwigshafen jener Teil des Haushaltsgelds, den „die brave Hausfrau" heimlich für sich abzwackt und in der „Dubbeskass" aufbewahrt, die auch Inge Schornick aus Ludwigshafen als „Geheimkasse für persönliche Artikel" kennt. „Saach blooß" sagt dazu: Wieder was gelernt, Männer!

Folge 97, erschienen am 8.3. 2007

„Verschammeriere“

Kleine Schäden unter Freunden

Von Knieschrammen bis Sprachbeulen:
Im Pfälzer Alltag lauern Gefahren

Ist Franz Beckenbauer heimlich Pfälzer? Gut möglich. Welcher Phonetiker erinnert sich nicht mit Grausen, wie der „Kaiser“ den früheren FC-Bayern-Stürmer Jean-Pierre Papin als „Schapapapaa“ und Torwart Jean-Marie Pfaff als „Schammariepfaff“ bezeichnete – ohne jede Rücksicht auf Betonung oder Nasallaute? Beckenbauer ist da nicht anders als die Pfälzer, aus deren Mündern sich französische Wörter in der Regel anhören, als hätten diese gerade einen schweren Unfall hinter sich.

Und so spekuliert Peter Hasenzahl aus Ludwigshafen, der Ursprung des Worts „verschammeriere“ könne in den Namen Jean und Marie liegen. Das geht so: Jean und Marie laufen an einem geparkten Auto vorbei und hinterher ist die Karosse verjeanmariert: „zerkratzt, verbeult oder sonstwie verunstaltet“, wie Johanna Hörner aus Hochstadt das Wort erklärt. Bevor wir aber klären, was Jean und Marie antreibt, Autos zu beschädigen, widmen wir uns lieber ein paar alternativen und frankophileren Erklärungen und Anwendungen.

„Mit deine genachelde Schdiwwel duuscht mer de ganze Stubbebodde verschammeriere“, schreibt Wilfried Haas aus Hochstadt. Schlechte Erfahrungen hat auch Bertram Steinbacher aus Lingenfeld gemacht: „Jetzt lehn ich dem Simpel ämol moi Bohrmaschin un der gebt mer se total verschammeriert zurick.“ Und: „Bass uff, dass de nätt de Borm (Boden) verschammrierscht beim Rumricke“, warnt Minnie Maria Rembe aus Langmeil. Sonst passiert, was „die Karin un die Elke vun de Haßlocher Sparkass“ als Steigerung für „verschammeriert“ bezeichnen: Das Ding ist „ramboniert – donn is es nämlich hie“. Manfred Bauer aus Ludwigshafen fasst zusammen: „Verschamme-

riert beschreibt den Zustand einer Sache, die zwar äußerlich Kratzer und Macken aufzuweisen hat, aber sonst noch recht brauchbar ist."

Doch nicht nur Gegenstände leiden: Uta Müller aus Neustadt erinnert sich an die Zeit, als noch viel auf der Straße gespielt wurde, mit wiederkehrendem Resultat: „die Ärm verkratzt, die Knie odder sogar des Gsicht verschammeriert". Dasselbe Ergebnis bei anderer Ursache schildert Rolf Grimmeisen aus Neuhofen: „Der is ins Gschdripp gfalle mit soim vollgsoffene Kopp un hot sich es ganze Gsischt un die Händ (ver-)schammeriert." Weitere gefährliche Konstellationen im Alltag, die mit „Verschammerierungen" enden können: „Die Erdanziehungskraft und das viel zu große Fahrrad" wurden Brigitte Nullet aus Schaidt zum Verhängnis. Manfred Bussemer aus Ramstein-Miesenbach erzählt: „Voor verzeh Daa hann isch die Bääm geschnett" (klar, was dabei passierte). Den Bruder von Peter Keller aus Bad Bergzabern ereilte es, weil er als antrittsschneller Kicker oft gefoult wurde (Hartplatz!). Und Markus Rief aus Mutterstadt nennt die Nassrasur als Gefahrenquelle. Sie kennen die Männer mit Klopapierfetzen im Gesicht ...

Und die Quelle des Begriffs? Klaus Juner aus Herschberg mutmaßt, das jiddische Wort „Schammas" (Pfälzisch: Schambes) für Gerümpel könne Pate für „verschammeriere" gestanden haben. Walter Gundacker aus Hinterweidenthal, Wilma Freundlich aus Böhl-Iggelheim, Manfred Bauer und Wilfried Haas verweisen dagegen auf das verblüffend lautähnliche französische Wort „chamarrer", das „verbrämen" bedeutet, in der Form „chamarrure" aber auch „übertrieben verziert", „verunstaltet" – womit wir immerhin wieder bei den kleinen Schäden wären und bei unserem Sprachschnuddlerfreund Beckenbauer sowie bei Jean und Marie, den Unschuldigen.

„Saach blooß" hält fest: Der Ursprung des Worts „verschammeriere" ist schwerer festzustellen als die Ursache mancher Schramme. Es sei denn, die Schramme selbst ist der Ursprung, wie (neben anderen) Walter G. Renner aus Ludwigshafen glaubt: „Ich denke, dass das Verb ‚verschrammen' bei der pfälzischen Lautmalerei irgendwann sein ‚R' verloren hat." Und die neue Wortmelodie mit den verharmlosenden zusätzlichen zwei Silben am Wortende trage dazu bei, den Schaden weniger schlimm erscheinen zu lassen. Kann es so einfach sein? „Saach blooß" meint: Es kann.

Folge 98, erschienen am 30.3. 2007

Die Jagd nach dem Phantom

Wie ein freundlicher Herr
die Pfälzer Gefühlswelt durcheinanderbringt

Frankreich? Fußball? Feldherr? Fisch? Ferdinand aus Österreich? – „Mein liewer Scholli!“, heute haben wir was vor, liebe Leserinnen und Leser. Die Redewendung um den Herrn Scholli lässt einigen Raum für Spekulationen – nicht nur, was ihren Ursprung angeht.

Die Pfälzer bringen es nämlich fertig, mit diesem Ausruf zugleich Bewunderung und Missbilligung auszudrücken. „Moin liewer Scholli, du hoscht Nerve, dich mit 100 Sache in die Kurv zu lee, dass de mit'm Fußraschter Funke schlaa(g)scht uff de Stroß“, liefert Rudolf Walther aus Großkarlbach einen Kommentar zum verwegenen Fahrstil eines Motorradfahrers; der Redner würde selbst zwar viel vorsichtiger fahren, er erkennt aber den Schneid und die Kühnheit des anderen an.

Oder nehmen wir die aus einem turbulenten Eheleben entnommene Episode von Hans Estelmann aus Böchingen. Frau an Mann: „Mein liewer Scholli, wie siehscht Du aus! Mich deet indressiere, wie veel Schoppe Schorle du in dein Kopp neigschlorpst hoscht.“ Botschaft dahinter: Die Gattin würde selbst nie eine vergleichbar enorme Menge des regional beliebten alkoholhaltigen Mischgetränks zu sich nehmen, sie kommt aber nicht umhin, den Mut des Gatten zu respektieren, in dieser Verfassung die heimische Türschwelle zu überqueren. (Kommentar von „Saach blooß“: „Mein liewer Schorli!“)

Doch was hat das alles mit Herrn Scholli zu tun? Die Antworten auf diese Frage scheinen kein Ende zu nehmen: Joachim Lehmler aus Ludwigshafen bringt, selbst zweifelnd, den unweit der Pfalz in Karlsruhe geborenen einstigen Bundesligafußballer Mehmet „Scholli“ Scholl ins Spiel, der zwar zuletzt knapp zu alt für regelmäßige Bundesligaeinsätze war, der dafür aber leider deutlich jünger als der Spruch ist. Kurt Scherff aus Obrigheim-Mühlheim (Zitat: Mein liewer Scholly, mach mol net de Molly") hat nach der Wortwurzel gegraben und dabei den mittelalterlichen „Scholaren" oder „Scholasten" entdeckt, den fahrenden Studenten. Da sei angesichts studentischer Trinkgelage bestimmt manch ein Wirt froh gewesen, wenn er den Besuch mit der Anrede „Mein liewer Scholli" wieder aus der Kneipe hinauskomplimentieren konnte.

Deutlich freundlichere Gefühle für den „Scholli" schwingen in der Erklärung von Wilfried Haas aus Hochstadt sowie von Peter Hasenzahl und Inge Schornick aus Ludwigshafen mit. Sie und einige weitere Leser liebäugeln mit dem französischen „joli(e)" (hübsch) als Erklärung. „Mein lieber Schöner!" lautete dann die Übersetzung ins Hochdeutsche. Man sage ja auch in der Pfalz manchmal „Du bischt mer noch en Scheener!", meint Gérard Gortchakoff aus Speyer. Manfred Bussemer aus Ramstein-Miesenbach spekuliert dagegen, kein hübscher Mann, sondern ein flacher Fisch könnte Pate gestanden haben: die Scholle. Die Bedeutung der Redensart ginge dann in die Richtung: Mach dich dünn! Halte den Ball flach! Verhalte dich ruhig! Oder pfälzisch: „Halt emol de Gaul aa!"

Noch mehr Vorschläge gefällig? Die hanebüchen allwissende Internet-Enzyklopädie „Wikipedia" verweist auf den Österreicher Ferdinand Joly (1765-1823), über den nicht viel mehr bekannt sein soll, als dass er als Aussteiger ein unstetes Leben geführt habe und 1783 in Salzburg von der Uni geflogen sei. Auch der „Jolly Joker" aus dem Kartenspiel kam Lesern als Erklärung für den „lieben Scholli" in den Sinn. Und Manfred Bauer aus Ludwigshafen schließlich holt auf der Jagd nach dem Phantom ganz weit aus, führt den „Scholli" zusammen mit dem französischen „Jules", der rheinischen Frohnatur „Scheel" (dem Kumpel von „Tünnes"), dem mittelrheinisch-moselan-eifeler „Scholwes" und dem englischen „Giles" auf den lateinischen „Julius" zurück: „Vielleicht ist sogar Julius Cäser gemeint, der Julius aller Juliusse", sagt Manfred Bauer. Und er erklärt: Der

Julius, pfälzisch Scholli, finde bei Menschen Verwendung, „die es mit der Religion ernst meinen“ und daher den Ausruf Mein lieber Gott! „nicht pausen- und bedenkenlos im Mund führen“ wollen. „Saach blooß“ meint: „Mein liewer Herr Gesangverein!“ (siehe Folge 27 im ersten Band: Saach blooß, 2006) und hält es angesichts dieser vielen Ideen einfach mal mit Minnie Maria Rembe aus Langmeil: „De Scholli wohnt nätt nur in jedem Pälzer Haushalt als Unnermieder, er muss aach for alles härhalle, de aarm Kerl.“

Folge 99, erschienen am 20.4. 2007

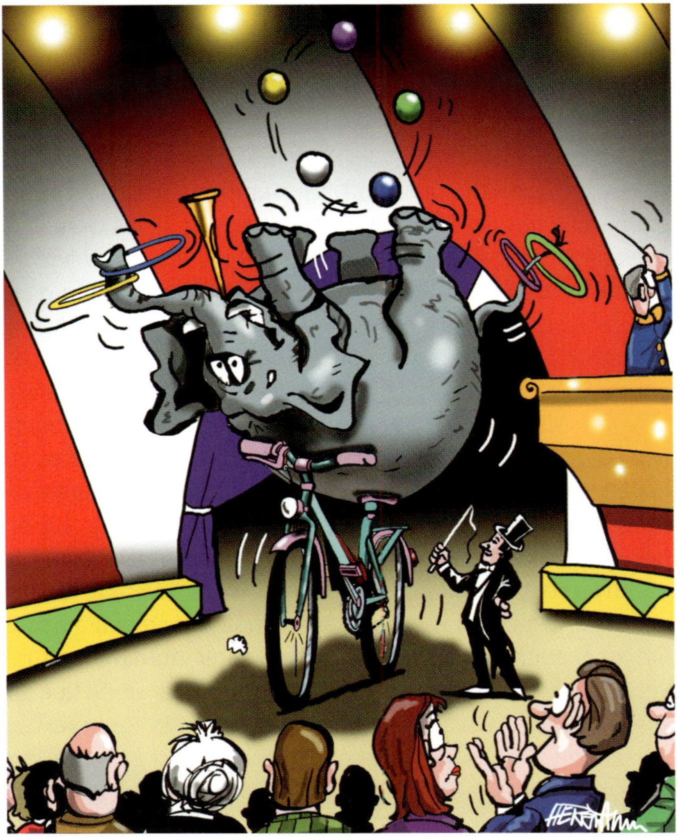

„Seggel“

Ein Sack zum Liebhaben

Wenn Pfälzer Milde walten lassen, wo Schwaben wüten

Hätten Sie das gedacht? Die ebenso sprech- wie schimpffreudigen Pfälzer können ihre Zunge auch zügeln. Besser gesagt: Den Mund wird ein Pfälzer zwar nie halten, doch er kann im Einzelfall Zurückhaltung üben, wie das Wort „Seggel“ beweist. Gleich ein halbes Dutzend Leser hat geschrieben, dass es sich dabei nicht um ein speziell pfälzisches, sondern um ein „ur-schwäbisches“ Wort handele, wie Wolfgang Breyer aus Frankenthal es formuliert. „Dort“, im Schwabenland also, „steht Seggel mehr oder weniger für Idiot, Dummkopf oder Tor“, berichten Günter Fontana aus Neuhofen und Rudolf Walther aus Großkarlbach.

Von solcher Schärfe ist die pfälzische Lesart weit entfernt. In der Pfalz sei „‚Seggel‘ ein eher mildes Schimpfwort“, meint nicht nur Manfred Bauer aus Ludwigshafen: „Ein wenig Lumpazivagabundus ist er, ein bisschen listiges Schlitzohr, mit allen Wassern gewaschen, lebensfroh, meist trinkfest, aber arbeitsscheu und allem Angenehmen zugeneigt.“ Oder mit den Worten von Wilfried Haas aus Hochstadt „frech, vorlaut, aufdringlich, durchtrieben, rauflustig“. „Die Karin un die Elke vun de Haßlocher Sparkass“ sehen im „Seggel“ einen gerissenen Schlawiner, der zu seinem Vorteil Dinge ausnutzt, „über dessen Taten man aber noch schmunzelt“. Und Rosemarie Mathes aus Germersheim geht noch ein Stück weiter: „Du bischt vielleicht en Seggel, sage man fast anerkennend und gutmütig zu einem Schlitzohr, von dem man vielleicht an der Nase herumgeführt wurde.“ „Du Seggel hoscht mer mei Bier leergsoffe, wie ich drauße war“, liefert Wilfried Haas ein Beispiel aus der Wirtschaft. Es steht in diesem Fall außer Frage: „Des hot der Seggel fer extra gemacht!“ (eingeschickt von Bertram Steinbacher aus Lingenfeld).

Das pfälzische Wohlwollen gegenüber dem in Schwaben so sehr gescholtenen „Seggel“ begründet Uta Müller aus Neustadt damit, dass der Pfälzer zwar direkt, aber letztlich doch „ein verträglicher Genosse“ sei. Rudolf Walther sieht es genauso und argumentiert sprachwissenschaftlich, das Lehnwort aus dem schwäbisch-alemannischen Sprachraum habe wohl den „bei uns üblichen mildernd-entschärfenden Bedeutungswandel durchlaufen“.

Doch Pfälzer können auch anders. Den „Seggel“ gibt es durchaus in verschärfter, nämlich zusammengesetzter Form: den „Lumbeseggel“, den „Beereseggel“ (den Hans Estelmann aus Böchingen und Hans Ehrhardt aus Gossersweiler-Stein kennen) oder gar den „Hureseggel“. Beim Begriff mit dem Anschluss ans Rotlichtmilieu befürchtet Joachim Lehmler zwar, er könne von der freiwilligen „Saach blooß“-Selbstkontrolle gestrichen werden, wir können an dieser Stelle aber allen Leserinnen und Lesern versichern: „Saach blooß“ würde so etwas wie Selbstkontrolle nie in den Sinn kommen – schon gar nicht freiwillig. Aber das nur am Rande.

„Lumbe-“ und „Beereseggel“ zeigen, dass der „Seggel“, den man auch „Säckel“ schreiben könnte, mit großer Wahrscheinlichkeit einfach die Verkleinerungsform von „Sack“ ist – jenem Wort, das in Zusammensetzungen wie „Sausack“, „Babbsack“ und „Fresssack“ beweist, dass Pfälzer auch derb sein können. Und das Tunwort „eiseggle“ (hochdeutsch: einsacken), erklärt sich damit quasi von selbst.

Doch so klar der Bezug zum „Sack“ auch scheint, wären wir dennoch „Seggel“, wenn wir originelle andere Erklärungen zur Entstehung des Worts unterschlagen würden: Lothar Braun aus Bellheim zum Beispiel verweist auf das lateinische Wort „seccare“ für „ärgern“ oder „piesacken“. Manfred Bauer kommt vom Drecksack auf den Stinkstiefel und von dort wiederum auf die „Socke“, pfälzisch „Seckelsche“. Und er bringt außerdem das französische „séquelle“ für „Sippschaft“ ins Spiel. Kurt Scherff aus Mühlheim wiederum spielt mit dem Gedanken an die Zecke, wundert sich aber zugleich, dass es in der Pfalz keine weibliche Seggeline gibt.

Nachtrag: Viele Leser haben uns nach Erscheinen des Beitrags auf die „Pforzheimer Seggel“ hingewiesen. Die Einwohner der badischen Stadt haben mit „Seggel“ nämlich ihren Uznamen weg. Im Pforzheimer Sprachgebrauch hat der Begriff indes keine beleidigende Bedeutung, wie es in der Internet-Enzyklopädie Wikipedia heißt. Der „Pforzheimer Seckel“ stehe in Baden-Württemberg gleichgedeutend neben dem „Karlsruher Briganten“, dem „Freiburger Bobbele“ und dem „Konstanzer Seehasen“. Der „Seggel“ beziehe sich vermutlich auf einen Geldsack und sei daher als Synonym für Wohlstand positiv besetzt. Dagegen ist „Halbseckel“ in Pforzheim eine Beleidigung. Dieser Begriff steht für einen halbleeren Sack, was (nicht nur bei den sparsamen Schwaben und ihren badischen Nachbarn) als Manko angesehen wird. Auch im Internet wird indes vor der wechselnden Bedeutung von „Seggel“ gewarnt: „Gefährlich ist es, als Karlsruher oder Pforzheimer das an sich harmlose Wort einige Kilometer weiter östlich im dann schwäbischen Dialektraum zu benutzen, da dasselbe Wort dort als sehr ordinär empfunden wird. Ein badischer Seckel ist in Ordnung, ein schwäbischer Seckel dagegen eine schwere Beleidigung.“ Womit beim Thema „Seggel“ mal wieder die oft geleugnete aber nichtsdestotrotz tiefe Verbundenheit von Badenern und Pfälzern dokumentiert wäre.

Folge 100, erschienen am 4.5. 2007

„Do hoscht dich gschnerrt“

Irrtum eingeschlossen

Man lese und staune:
Auch Pfälzer sind manchmal auf dem Holzweg

„De Karl im Baumarkt: Ich braicht e neii Dachlatt. Froocht de Verkaifer: Wie lang? Saacht de Karl: A, fer immer!“ – Wer jetzt glaubt, der Witz von Manfred Bauer aus Ludwigshafen sei damit erledigt, der hat sich „geschnerrt“ – so wie sich der gute Karl selbst „geschnerrt“ hat, als er nicht mit der Schlagfertigkeit des Verkäufers rechnete. Der kontert nämlich: „Was e Glick, do brauch ich jo känn Leasingvertrach auszufille!“

Es irrt der Mensch, so lange er glaubt, der praktische Humor der Pfälzer kenne Grenzen, kann man beim heutigen Thema frei nach Goethe formulieren. „Do hoscht dich awwer geschnerrt!“ bedeutet, dass der Angesprochene im Irrtum ist, eine falsche Annahme hegt, er „newe draa gelää hot“, schreibt Minnie Maria Rembe aus Langmeil. Zum Beispiel jener Neffe, der von seinem Onkel zu hören bekommt: „Wann du glaabscht, du deetscht was vun mir erwe, dann hoscht du dich awwer gschnerrt!“ Laut Wilfried Haas aus Hochstadt ist der Neffe en ziemliche „Seggel“.

Alles andere als daneben liegt Joachim Lehmler aus Ludwigshafen, der schreibt, „schnerre“ komme im Hochdeutschen nicht vor, es sei also ein richtig schöner pfälzischer Ausdruck. Während Lothar Braun aus Bellheim glaubt, er werde nur noch von Personen über 50 verwendet, gibt es auch Hinweise, wonach er manch einem Pfälzer zu geläufig ist. Gleich mehrere Leser erzählen die Geschichte eines Doppelirrtums, den RHEINPFALZ-Mitarbeiter Klaus Peter Gebhard-Mersinger aus Ransweiler bereits 1985 öffentlich gemacht hat: Ein Angestellter beschwert sich schriftlich beim Arbeitgeber: „Betrifft: Schnärrung. – Hiermit teile ich Ihnen mit, dass Sie sich bei meiner Gehaltsabrech-

nung geschnärrt haben!“ Aus einem Pfälzer Tunwort durch Anfügen von „-ung“ ein hochdeutsches Hauptwort zu machen, von dem außerhalb der Pfalz nie ein Mensch gehört hat – damit ist ein Höhepunkt pfälzischer Sprachschöpfungskraft erreicht. Um mit Adolf Nußbauer aus Lingenfeld zu sprechen: Wer sich „schnerrt“ und meint, „schnerren“ sei Hochdeutsch, hat es einfach nicht „geschnallt“, womit wir bei einem wunderbaren neudeutschen Wort für „kapiert“ angelangt wären.

Nicht nur Klaus Juner aus Herschberg mutmaßt, „schnärre“ sei eine Verballhornung von mundartlich „ärre“, also irren, und gehe auf dieselbe Wortwurzel zurück. Andere Leser versuchen, dem Begriff durch Analyse seiner weiteren Bedeutungen näherzukommen. Diese aber weisen bei genauem Hinsehen (und -hören) Verbindungen zu ganz anderen hochdeutschen Wörtern auf: „Mei Fraa hot mein Pullower so häß gewesche, jetzt isser ganz eigschnerrt“ (eingeschickt von Rudolf Walther aus Großkarlbach), hat wohl mit hochdeutsch „(zusammen)schnurren“ zu tun. Wenn ein Pfälzer ein Gummiband „schnerren“ lässt, wobei „schnerren“ für „spannen und ruckartig loslassen“ steht (sagen „die Karin und die Elke vun de Haßlocher Sparkass“), dann hängt das wohl mit hochdeutsch „schnellen“ zusammen. Oder es hat mit dem mittelalterlichen Wort „snurren“ für „sausend schnell fahren“ zu tun, wie Klaus Juner erläutert, nicht ohne den Hinweis zu geben, dass damit auch die Formulierung „änner schnärre losse“, übersetzt: „einen fahren lassen“, eine sprachwissenschaftliche Erklärung gefunden hätte. Und zwar eine, die weit über die physio- und soziologische Dimension des Furzes hinausgeht. Diese besagt laut Joachim Lehmler nämlich: „Was mer an Ansehe eibießt, gewinnt mer an Gsundheit.“ Angesichts solcher Antworten wird sich gewiss keine(r) mehr trauen, die Formulierung von Inge Schornick aus Ludwigshafen hervorzukramen: „Do schnerrschd dich, moi Berschel!“

Auf eine völlig andere Fährte lockt indes Manfred Bauer. Er übersetzt „gschnerrt“ einfach mit „geschnitten“. „Wenn Sie meinen, Sie bekommen für Ihren seltsamen Text über ein seltsames pfälzisches Sprachphänomen einen Tag Sonderurlaub, dann haben Sie sich geschnitten“, könnte zum Beispiel der Vorgesetzte eines Redakteurs sagen, den wir an dieser Stelle nicht näher bezeichnen wollen. Dass Pfälzer aus „d“ oder „t“ gerne „r“ machen, aus „geschnitten“ also „gschnerre“, zeigen weitere Beispiele wie „dewedder/dewerrer“ oder „Mudder/Murrer“. „Saach blooß“ legt sich fest: Es spricht sehr viel für die Bauersche Theorie. Und wenn sie trotzdem falsch ist, „dann hämmer uns halt gschnerrt“.

Folge 101, erschienen am 25.5. 2007

Voll doof

Eine Reise in die Schlucht des kollektiven Vergessens

Auch wir müssen mal was gestehen: Ab und zu drückt sich „Saach blooß“ vor schwierigen Aufgaben. Vier- oder fünfmal in den gut fünf Jahren seit dem Start unserer Serie über Pfälzer Begriffe, Sprüche und Redensarten hatten Leser uns gebeten, doch einmal das Wort „Wolldo(u)we“ zu erforschen. Test-Fragen bei Kollegen und Freunden sowie ein Vorab-Blick ins „Pfälzische Wörterbuch“ hatten jedoch gezeigt: Niemand kannte das Wort geschweige denn hat darüber geschrieben; „Wolldowe“ scheint in der Schlucht des kollektiven Vergessens ziemlich weit unten angelangt zu sein. Und das fanden wir wolldow, ääh, voll doof!

Als uns vor ein paar Wochen ein freundlicher Anruf einer Leserin aus Bad Dürkheim erreichte, in dem es wieder um das ungelöste Geheimnis des „Wolldowe“ ging, konnten wir nicht mehr anders: Wir stellten das Wort, das noch nicht mal auf der Roten Liste vom Aussterben bedrohter Begriffe zu finden war, endlich zur Diskussion. Und siehe da: Elf Pfälzerinnen und Pfälzer haben sich gemeldet (alle aus der Vorder- und der Südpfalz).

„Saach blooß“ war wieder einmal beeindruckt, dass die Leser tatsächlich vor keiner Frage kapitulieren, auch wenn das Ergebnis diesmal nichts Erbauliches offenlegte: „Der Wolldouwe ist ein unfreundlicher, verschlossener, unhöflicher, plumper, ungeschlachter Mensch“, geht Wilfried Haas aus Hochstadt gleich in die Vollen. „Sowohl äußerlich als auch innerlich grob“ sei er, meint Eleonore Winkler aus Speyer, „rüpelhaft im Umgang – also nicht zu empfehlen für zart besaitete Menschen.“ Lothar Braun aus Bellheim liefert – auch nach Rücksprache mit seiner Schwiegermutter – diese Definition: Der Wolldo(u)we sei praktisch gleichzusetzen mit dem Wort „Labbeduddel“ – was ungefähr so viel bedeute wie: „Deer esch fer nix zu gebrauche.“

„Un Karl, was machen die Hämmoridde?"

Dass der „Wolldowe" wegen dieser negativen Eigenschaften in Vergessenheit geraten sein könnte – in einer Welt, die ansonsten von zart besaiteten Pfälzer bevölkert wird –, das glauben wir jedoch nicht. Denn sonst wären in der Pfalz wohl kaum Begriffe wie „Griwwelbisser" (Folge 18 im ersten Band: Saach blooß, 2006), „Dibbelschisser" und „Hewwel" (Seite 60) in aller Munde. Außerdem gibt es – vereinzelt – auch andere Meinungen über den „Wolldowe": Hans-Georg Nobis aus Deidesheim bringt ihn nicht mit deutlich negativen Attributen in Zusammenhang. Er erinnert sich vielmehr, dass man früher über ein lebhaftes Kind gesagt hat: „Des ist halt enn Woldowe!" Und Rumtoben ist ja „anunfersich" noch nichts Schlimmes.

Warum der „Wolldowe" weitgehend in Vergessenheit geriet, ist unklar. Es könnte aber an der Konkurrenz liegen. Für die Beschreibung des unsympathischen pfälzischen Elefanten im Porzellanladen (so die Formulierung von Liesel Drieß aus Hochstadt) hat sich das Wort „Stoffel" durchgesetzt, das sich laut Wilfried Haas in seiner Bedeutung nicht nennenswert vom „Wolldowe“ unterscheidet. Außerdem machen ihm „de Olwerdolwer“, „de Dreigedrehte“ und „de Härnschdeeser“ (Dickkopf) den Rang streitig, meint Manfred Bauer aus Ludwigshafen. Oder vielleicht auch „de Wuchtl“, eine Bezeichnung „fer Leit mit zwää linke Händ un an alle Finger Daume“.

Es ist neben Manfred Bauer übrigens Uta Müller aus Neustadt, die mutmaßt, im „Wolldowe“ könnte sich das Wörtchen „doof" verbergen (und in der Variante „Holldove“ sogar die Kombination von „hohl“ und „doof“). Vier von sechs Mitgliedern der Familie Müller haben sich nämlich nach eingehender Diskussion auf folgende Erklärung geeinigt: „Wolldowe steht für: Du bischd wohl en Doofe!“ Inge Schornick aus Ludwigshafen hält es dagegen für wahrscheinlicher, dass „Wolldowe“ mit „wollen“ zusammenhängt. „Wer nit will, hot ghatt“, sage man doch zu unschlüssigen, unberechenbaren, aufbrausenden, verschlossenen, ablehnenden Menschen, zu „Wolldowe“ eben.

Hans Estelmann aus Böchingen und Eleonore Winkler bringen dagegen die „Wolle“ ins Spiel. Nach der Schafschur würden die groben (!) Vliese aufgedockt, um sie später von Hand verspinnen zu können. Und aus dieser „Woll-Docke“, argumentiert Eleonore Winkler, könnte durch die oft übliche Konsonantenverschiebung ein „Woll-Dowe“ geworden sein. Hans Ehrhardt aus Gossersweiler-Stein schickt außerdem den Konsonanten „b“ ins Rennen: „Wenn ein Mann so richtig grobschlächtige Hände hatte, sagte man: Der hot e paar Doube wie en Bär.“ Werde der „Doube“ mit der Wolle, also dem Fell, eines Bärs verknüpft, „so sind wir beim Wolldoube“ angelangt, Hans Ehrhardts Anwendungsbeispiel: „Bawett zu de Liss: Nit ferr alles vunn de Welt hett ich mit dämm Wolldoube gedanzt!“

Dass aus dieser Wolle dann sogar Hausschuhe gemacht worden sind, die Li Frey aus Sondernheim aus der Kindheit als „Wolldowe“ kennt, mag die Argumentationskette abrunden. Mit etwas Wohlwollen lässt „Saach blooß“ heute ohnehin alle Erklärungen für „Wolldowe“ unkommentiert stehen, denn alles andere wäre – wir wiederholen uns gerne – voll doof.

Folge 102, erschienen am 15.6. 2007

Stichwortverzeichnis

Blaue Begriffe und blaue Seitenzahlen weisen darauf hin, dass sich eine Folge überwiegend oder ausschließlich mit diesem Stichwort oder diesem Spruch befasst. Feststehende Sprüche und Redensarten sind durch An- und Abführungszeichen gekennzeichnet. Die Tilde (~) steht in Zusammensetzungen und Redensarten für das jeweilige Stichwort. Der Hinweis |1 hinter der Seitenzahl verweist auf einen Eintrag im ersten Band dieser Reihe: „Saach blooß. Geheimnisse des Pfälzischen“ (2006).

Seite